AF200189

Die Gesundheit ist ein kostbares Gut, nur sie ist es eigentlich wert, dass man dafür seine Zeit, seinen Schweiß, seine Arbeit und sein Geld, ja sogar sein Leben einsetzt.

(Michel de Montaigne)

Bibliografische Information der Deutschen Nationalbibliothek:
Die Deutsche Nationalbibliothek verzeichnet diese Publikation in der Deutschen Nationalbibliografie; detaillierte bibliografische Daten sind im Internet über http://dnb.dnb.de abrufbar.

Es wird darauf verwiesen, dass alle Angaben in diesem Buch trotz sorgfältiger Bearbeitung und Recherche ohne Gewähr erfolgen und eine Haftung der Autorin und des Verlages ausgeschlossen sind.

Copyright © 2019 by Rena Rose

Umschlagidee: Rena Rose

Coverdesign: Kay Fretwurst

Herstellung und Verlag: BoD – Books on Demand, Norderstedt

ISBN: 978-3-7504-2112-7

MIX
Papier aus verantwortungsvollen Quellen
Paper from responsible sources
FSC® C105338
FSC
www.fsc.org

Rena Rose

Nicht lange fackeln

Erwerbsminderungsrente JETZT

mit vielen Insider-Tipps

Die Autorin

Rena Rose schreibt schwerpunktmäßig hauptsächlich Ratgeber und Sachbücher.

„Erwerbsminderungsrente JETZT" ist der zweite Ratgeber aus der *„NICHT LANGE FACKELN"-Reihe*.

Sie ist mit einem Arzt verheiratet, hat zwei erwachsene Kinder und lebt mit ihrem Mann, drei Katzen und einem Hund in der Nähe von München.

Die Autorin hat u.a. 25 Jahre in einem großen Münchner Krankenhaus gearbeitet und weiß daher sehr genau, worauf es bei der Antragstellung ankommt. Sie hatte täglich u.a. mit Versicherungen, Krankenkassen, Rentenversicherungsträgern, der Agentur für Arbeit sowie Sozialämtern zu tun und konnte so vielen Patienten, aber auch Hilfesuchenden im privaten Umfeld erfolgreich durch das gesamte Antrags- und Widerspruchsverfahren helfen. Zudem war sie fast ein Jahrzehnt als ehrenamtliche Richterin am Landgericht München tätig.

Gerade deshalb kennt sie genau die Stolperfallen, die einen Antragsteller unweigerlich scheitern lassen können und die es zu verhindern gilt.

Journalistische Erfahrungen konnte sie mehrere Jahre bei einer Münchner Zeitung sammeln.

Du musst selbst zu der Veränderung werden, die du in der Welt sehen willst.

(Mahatma Gandhi)

ReRo-Ratgeber

Rena Rose

Nicht lange fackeln

Erwerbsminderungsrente JETZT

mit vielen Insider-Tipps

1. Auflage 2019

Inhalt

Die Antragsphase...

Der Bescheid der Rentenversicherung ist da...

Vorankündigung

Im nächsten Jahr wird mein neuer Ratgeber mit dem Thema „Mobbing, Bossing und Cybermobbing" erscheinen.

Prolog

Warum gerade dieses Buch?

Das Leben wird vorwärts gelebt und rückwärts verstanden

(Sören Aabye Kierkegaard)

Ich erkläre in meinem neuen Ratgeber gerade für Laien wieder ganz einfach und verständlich, wie es ohne Probleme möglich ist, selbst einen Antrag auf Erwerbsminderungsrente zu stellen. Ich sage Ihnen, was genau Sie dazu benötigen, mit welchen Voraussetzungen Sie die besten Chancen haben und was die Stolperfallen sind, auf die Sie unbedingt aufpassen müssen.

Wie schnell auch Sie einen positiven Bescheid auf Ihren Antrag auf Erwerbsminderungsrente erhalten werden, hängt maßgeblich von Ihrem derzeitigen Gesundheitszustand ab. Das Alter ist hierbei nicht relevant. Haben Sie bereits einen Grad der Behinderung und wenn ja wie hoch ist dieser? Das ist zwar nicht zwingend erforderlich, erleichtert und beschleunigt das ganze Procedere aber doch sehr. Denn Sie erhalten eine Erwerbsminderungsrente ja gerade deshalb, weil Sie in den meisten Fällen bereits seit längerem krank sind und nicht mehr voll arbeiten können. Natürlich erhalten diese Rente auch Menschen, die eine schwere Erkrankung mit einer eher schlechten Prognose haben oder die einen Unfall hatten und in dessen Folge dauerhaft beeinträchtigt sind.

Aber da diesen zuletzt aufgezählten Betroffenen die Erwerbsminderungsrente eher schnell zugesprochen werden wird, befasse ich mich in meinem Buch vorrangig mit denjenigen Hilfesuchenden, die bereits länger an unterschiedlichen, zumeist chronischen Erkrankungen leiden, die noch im Berufsleben stehen, wahrscheinlich viele krankheitsbedingte Arbeitsausfälle haben und die in naher Zukunft planen, einen Antrag zu stellen. Diese Menschen werden es schwerer haben, mit ihrem Antrag heutzutage durchzukommen.

Im Jahre 2018 haben etwa 1,8 Millionen Menschen eine Erwerbsminderungsrente erhalten. Wie viele Menschen 2018 aber erfolglos einen Antrag gestellt haben, das erfährt die Öffentlichkeit leider nicht, aber Sie dürfen davon ausgehen, dass es sehr viele sind. Leider verliert durch einen ersten ablehnenden Bescheid ein Großteil dieser Menschen den Mut, einen Widerspruch einzulegen und für sich zu reflektieren und auch zu prüfen, warum ihr Antrag abgelehnt wurde.

Selbst wenn Ihrem Antrag entsprochen werden sollte, bedeutet dies noch nicht zwangsläufig, dass Sie gar nicht mehr arbeiten gehen müssen. Hier kommt es dann wesentlich darauf an, ob und wie lange Sie jeden Tag noch fähig sind, einer Arbeit nachzugehen. Wenn Sie täglich noch 6 Stunden arbeiten können, werden Sie keine Erwerbsminderungsrente erhalten. Also sollte Ihr

Ziel immer sein, mindestens die halbe wenn nicht gleich die volle Erwerbsminderungsrente anzustreben.

Ich werde versuchen, Ihnen in meinem Ratgeber so gut wie möglich Hilfestellung zu geben und Sie über alles Wichtige und alle Eventualitäten sowie Gefahren aufzuklären, damit Sie, wenn Sie mein Buch gelesen haben, im besten Fall so fit sind, Ihren Antrag auf Erwerbsminderungsrente erfolgreich alleine zu stellen, Ihre Mitarbeit und Motivation natürlich immer vorausgesetzt. Sie sollten, wie ich bereits in meinem letzten Ratgeber eindringlich erkläre, viele neue, brauchbare und vor allem sehr ausführliche Arztbefunde mit möglichst mehreren guten Diagnosen vorweisen können. Auch ein bis zwei bereits absolvierte Rehabilitationsmaßnahmen wären spätestens jetzt sehr von Vorteil. Ich kenne die Problematik aus meiner jahrelangen Praxis. Bei der Antragstellung kommt es letztendlich nur auf die richtige Reihenfolge an. Ohne eine wirklich perfekte Vorbereitung und das richtige Knowhow wird es Ihnen heutzutage sehr schwer bis unmöglich gemacht, frühzeitig die Erwerbsminderungsrente zu erhalten.

Aber der Hauptgrund für einen ablehnenden Bescheid, sei es auf Antrag auf einen Grad der Behinderung, den begehrten Schwerbehindertenstatus (mindestens einen Grad der Behinderung von 50) oder für die Erwerbsminderungsrente, liegt nicht in der einzelnen Person des Antragstellers; vielmehr werden generell die verschiedenen öffentlichen Ämter zu einem rigorosen

Sparkurs angehalten, was leider zu Lasten der Patienten geht.

Nach 25 Jahren, die ich in einem großen Münchner Krankenhaus gearbeitet habe, weiß ich sehr genau, worauf es bei der Antragstellung ankommt. Ich hatte tagtäglich mit Versicherungen, Krankenkassen, Renten- und Sozialversicherungsträgern, der Agentur für Arbeit und anderen Ämtern zu tun und konnte vielen Patienten, aber auch Hilfesuchenden im privaten Umfeld durch das gesamte Antrags- und Widerspruchsverfahren helfen.

Gerade deshalb kenne ich genau die Stolperfallen, die einen Antragsteller unweigerlich scheitern lassen können. Ich möchte Ihnen mit meinem neuen Ratgeber dabei helfen, damit Ihnen das auf keinen Fall passieren wird.

Ich werde Sie in meinem Buch wieder Schritt für Schritt mit bewährten Tipps, die zwar nicht alltäglich, aber ganz legal sind, zum Ziel lotsen. Denn ich bin auf Ihrer Seite, das müssen Sie immer im Hinterkopf haben. Auch für den Antrag auf Erwerbsminderungsrente brauchen Sie keinen teuren Anwalt oder sonstigen „Fachmann". Mit meiner Hilfe sollte es auch Ihnen als Laien möglich sein, diesen Antrag ganz ohne fremde Unterstützung und vor allem ohne Kosten zu stellen.

Ich habe mir bei der Erstellung dieses Ratgebers die größtmögliche Mühe gegeben und alle meine bisher gesammelten und bewährten Erfahrungswerte aus vielen Jahren Berufserfahrung mit einfließen lassen.

Allgemein gehaltene Ratgeber zum Thema Erwerbsminderungsrente, die eigentlich nur das wiedergeben,
was man auch im Internet oder in Broschüren zuhauf
kostenlos nachlesen kann, gibt es meiner Meinung nach
bereits mehr als genug. Diese Bücher nutzen Ihnen rein
gar nichts, da sie zu einem großen Teil nur Paragraphen
zitieren, aber nicht die wirklich relevanten Themen
behandeln, die jeder Betroffene unbedingt wissen sollte,
bevor er einen Antrag auf Erwerbsminderungsrente
stellt.

Ich hoffe, dass ich Ihnen mit meinem eher
unkonventionellen und praktischen Ratgeber wieder
wertvolle Hilfestellung geben kann und meine Ratschläge
auch Sie persönlich bald zum Erfolg führen werden.

Mein erklärtes Ziel ist es, dass wirklich jeder Laie, selbst
wenn er über keinen PC oder Internet verfügt und keine
fundierten kaufmännischen Fähigkeiten hat, anhand
meines aktuellen Ratgebers weiß, worauf es beim
erfolgreichen Antrag für die Erwerbsminderungsrente
ankommt. Auch ohne PC können Sie sich alle benötigten
Anträge per Post zusenden lassen.

Ich habe zwar einige, wie ich meine, sehr wichtige
Punkte, die auch für Ihren Antrag auf Erwerbs-
minderungsrente wichtig sein dürften, aus meinem
Ratgeber: „Nicht lange fackeln – GdB und
Schwerbehindertenausweis in einem Jahr" übernommen.
Sollten Sie aber mit dem Gedanken spielen, auch den
Antrag auf einen Grad der Behinderung zu stellen,

genügen Ihnen die Informationen, die ich Ihnen in diesem Buch zur Verfügung stelle, leider nicht. Dann würde ich Ihnen raten, sich meinen letzten Ratgeber zu besorgen.

Ganz wichtig:

Verschicken Sie wirklich **alle** Unterlagen, die Ihre Erwerbsminderungsrente, den Antrag auf einen Grad der Behinderung, Krankengeld oder Arbeitslosengeld betreffen, also gerade Anträge, Arztbriefe, Widersprüche etc. **immer** per Einschreiben an Rentenversicherung, Versorgungsamt, Agentur für Arbeit, Krankenkasse sowie Zusatzversorgung (Betriebsrente). Auch die Arbeitsunfähigkeitsbescheinigungen (AU's) bitte immer per Einschreiben an Ihren Arbeitgeber, die Krankenkasse und die Arbeitsagentur schicken. Wenn Sie es per Einwurfeinschreiben versenden, genügt Ihnen dies als Nachweis ebenso, dies ist auch etwas billiger. Den Einlieferungsbeleg heften Sie bitte gleich in Ihrem Ordner an das entsprechende Schreiben.

Gut ist es, wenn Sie alle Anträge und Arztbefunde ebenfalls kopieren und in Ihrem Ordner abheften, bevor Sie sie verschicken. Es passiert immer wieder, dass Unterlagen auf dem Postweg verschwinden und nicht ankommen. So können Sie dann belegen, dass Sie Ihre Unterlagen weggeschickt haben und sind auf der sicheren Seite.

Es ist zwar noch nicht per Gesetz beschlossen, aber so gut wie sicher, dass der „gelbe Schein", wie die

Arbeitsunfähigkeits-Bescheinigung auch im Volksmund genannt wird, in absehbarer Zukunft bald der Vergangenheit angehören wird. Die Arbeitsunfähigkeits-Bescheinigung entfällt dann für alle gesetzlich Versicherten. In Deutschland wurden 2018 immerhin 77 Millionen Krankschreibungen analog ausgestellt. Nach dem zum 1. Januar 2021 geplanten Anti-Bürokratie-Gesetz (BEG III) muss der erkrankte Mitarbeiter dann die verschiedenen Teile der Krankmeldung nicht mehr selbst in einen Briefumschlag stecken, diesen ausreichend frankieren und sich krank zum nächsten Briefkasten schleppen. Statt des Patienten sendet der behandelnde Arzt zukünftig einen Datensatz an die Krankenkassen. Und die leitet die digitale Arbeitsunfähigkeits-Bescheinigung an den Arbeitgeber weiter.

Ganz wichtig zu wissen:

Dem Arbeitgeber wird auch mit der digitalen Krankschreibung keine Diagnose genannt, die übermittelten Daten sind identisch mit denen, die auch auf dem gelben Schein zu sehen sind und werden verschlüsselt übermittelt. Auch an den Fristen, bis wann der Arbeitnehmer dem Arbeitgeber die Arbeitsunfähigkeit mitteilen muss, ändert sich nichts. Dies ist nach wie vor „unverzüglich" zu tun. Die aus der bisherigen Regelung für den Mitarbeiter resultierende Pflicht, dass die Arbeitsunfähigkeits-Bescheinigung nach dem dritten Tag der Arbeitsunfähigkeit beim Arbeitgeber sein muss, dürfte damit für Arbeitnehmer entfallen bzw.

nicht mehr in seiner Verantwortung liegen. Allerdings erfährt er auch nicht, ob die Krankmeldung erfolgreich beim Arbeitgeber gelandet ist. Abgesehen davon darf der Arbeitgeber aktuell von der gesetzlichen Regelung abweichen und von Arbeitnehmern schon ab dem ersten Tag eine Bescheinigung verlangen oder im Arbeitsvertrag eine andere Frist festlegen. Hier muss sich der Arbeitnehmer erkundigen, was für ihn gilt.

Die Vorbereitungsphase...

1

Den Antrag auf Erwerbsminderungsrente systematisch planen – was muss ich wissen und wie gehe ich vor

Ich nehme an, Sie sind noch berufstätig und spielen mit dem Gedanken, die Erwerbsminderungsrente, die im Volksmund auch als Frührente oder EU-Rente bekannt ist, für sich zu beantragen. Sie sind gesundheitlich wahrscheinlich angeschlagen, so dass Sie am Arbeitsplatz häufige krankheitsbedingte Fehlzeiten haben.

Erfahrungsgemäß liegt hinter den meisten Betroffenen eine sehr lange Zeit der Unsicherheit, Arbeitsausfälle, Mobbing, Schmerzen usw., bis sie endlich ernsthaft in Erwägung ziehen, die Erwerbsminderungsrente zu beantragen. Dies ist immer eine schwere Entscheidung, bedeutet es doch in absehbarer Zeit ein Ende der Berufstätigkeit.

Da man die Erwerbsminderungsrente aber nicht wie die reguläre Altersrente einfach und problemlos auf Antrag erhalten kann, sondern dies in den meisten Fällen ein langer Prozess mit offenem Ausgang ist, schrecken viele Menschen davor zurück, einen Antrag zu stellen. Das ist aber ein großer Fehler. Der Staat im Allgemeinen und in unserem Fall die Rentenversicherung muss extrem sparen. Arbeitnehmer sollen so lange wie nur irgend möglich arbeiten und fleißig Rentenbeiträge einzahlen.

Die Erwerbsminderungsrente ist zwar vorgesehen für Menschen, die krankheitsbedingt nicht mehr oder wenn dann nur noch eingeschränkt arbeiten können. Aber es wird ihnen sehr schwer gemacht, diese Rente, die ihnen zusteht, auch zu erhalten. Einfach mal einen Antrag ausfüllen und hoffen, dass es schon klappen wird, funktioniert leider überhaupt nicht. Da das Renteneintrittsalter immer höher geschraubt werden wird, sollten Sie bei einer chronischen Erkrankung über einen frühzeitigen Ausstieg aus dem Erwerbsleben ernsthaft nachdenken und dies auch gezielt planen.

Sie könnten sich enorm schaden, wenn Sie voreilig einen Antrag auf Erwerbsminderungsrente stellen, ohne sich gut vorbereitet zu haben. Sie geben in einem vorschnell gestellten Antrag vielleicht Arztbefunde oder Rehabilitationsberichte an, die unzureichend sind und Ihre Leiden/Beeinträchtigungen nicht ausführlich genug beschreiben, nennen Ärzte, die Ihnen schlechte Arztbriefe aushändigen und als ob das noch nicht reichen würde Ihnen auch noch eine gute gesundheitliche Prognose prophezeien. Das kann nur zum Scheitern verurteilt sein. Auf jeden Fall speichert die Rentenversicherung alles, was sie je von Ihnen an

Informationen erhalten hat. Deshalb ist es von enormer Wichtigkeit, diesen Antrag genau zu planen und bei der Antragstellung alle relevanten Unterlagen zur Verfügung zu haben. Überlassen Sie hier bitte nichts dem Zufall. Denn ein ablehnender Bescheid wäre die Antwort.

Ich habe in meinem letzten Ratgeber, der sich mit dem Thema der Schwerbehinderung beschäftigt, erklärt, dass ein ablehnender Bescheid keinen Weltuntergang bedeutet. Damit würden Sie statistisch zu den ca. 50% der Menschen gehören, denen die Erwerbsminderungsrente im ersten Anlauf abgelehnt oder der Weitergewährungsantrag abgewiesen worden wäre.

Jetzt heißt es erstmal einen kühlen Kopf zu bewahren. Bitte prüfen Sie Ihren Ablehnungsbescheid ganz genau, um zu sehen, warum die Rentenversicherung nicht mitspielt.

Es ist wahrlich schwer verständlich, wenn Ihre behandelnden Ärzte Ihnen Arbeitsunfähigkeit diagnostizierten, Sie laut Ihrer Krankenkasse und der Agentur für Arbeit auf dem allgemeinen Arbeitsmarkt eigentlich keine Chance auf eine Arbeit mehr haben und selbst der Gutachter des Medizinischen Dienstes auf Ihrer Seite war. Sie verstehen die Welt nicht mehr, stehen vielleicht unter Schock, weil der Rentenversicherungsträger es genau anders sieht.

Aber Fakt ist auch: wenn Sie gesundheitlich nicht mehr in der Lage sind, einer regelmäßigen Arbeitstätigkeit nachzugehen, müssen Sie ernsthaft in Betracht ziehen, diese Rente zu beantragen und sich sehr gut auf die Antragstellung vorbereiten. Eine bessere oder andere Alternative als die zur Erlangung der Erwerbsminderungsrente gibt es nicht für Sie, wollen Sie nicht die restlichen Jahre bis zur Altersrente, die Sie erst mit 65+x erreichen würden, dauernd im Krankenstand verbringen oder sich durch den Arbeitsalltag quälen. Das halten Sie nicht mehr jahrelang durch und eine Kündigung Ihres Arbeitsverhältnisses wäre bei regelmäßig vielen krankheitsbedingten Fehlzeiten die logische Schlussfolgerung. Denn selbst mit dem besonderen Kündigungsschutz sind Sie nicht unkündbar. Das Integrationsamt versucht zwar, Ihnen den Arbeitsplatz zu erhalten und bietet dem Arbeitgeber diverse Hilfen an. Doch das funktioniert nicht immer: In etwa 75% der Fälle stimmt das Integrationsamt einer Kündigung zu: Dem Menschen mit Schwerbehinderung kann gekündigt werden. Bei Zeitverträgen, in der Probezeit oder bei Probearbeit gibt es keinen besonderen Kündigungsschutz für Menschen mit Schwerbehinderung.

Wenn Sie zu diesem Zeitpunkt erst einen Antrag auf Erwerbsminderungsrente in Erwägung ziehen, werden Sie sich im Kündigungsfall bei der Agentur für Arbeit arbeitslos melden müssen. Sie können davon ausgehen, dass die Agentur für Arbeit versuchen wird, Sie in irgendeine zumutbare Arbeit zu vermitteln. Allerdings können Sie sich bei Krankheit auch hier durch regelmäßige Einreichung einer Arbeits-unfähigkeitsbescheinigung (AU) von der Vermittlung befreien lassen. Es bedeutet für Sie einfach mehr Stress, wenn Sie dem Sachbearbeiter permanent zur Verfügung stehen müssen. In Sachen Bürokratie steht die Agentur für Arbeit nämlich der Rentenversicherung in nichts nach. Regelmäßig werden Sie mit Formularen überhäuft, die es auszufüllen gilt. Auch bis endlich mal Geld vom Arbeitsamt fließt, dauert es. Man bekommt das Gefühl, hier soll es dem Antragsteller so schwer wie möglich gemacht werden. Ich kannte Betroffene mit wirklich angeschlagener Gesundheit, die sind irgendwann lieber wieder arbeiten gegangen, als von der Arbeitsagentur permanent genervt zu werden. Dazu würde ich Ihnen aber auf keinen Fall raten. Deshalb ist es besser, sich bereits frühzeitig und in Ruhe auf den Antrag auf Erwerbsminderungsrente vorzubereiten, solange Sie noch in einem Arbeitsverhältnis stehen.

Und damit meine ich nicht einfach nur den Antrag auszufüllen, sondern schon lange Zeit davor brauchbare und ausführliche Arztbefunde von unterschiedlichen Ärzten zu sammeln und sich evtl. schon mal eine Reha verordnen zu lassen.

Gegenüber Vorgesetzten, Kollegen, dem Betriebsarzt und evtl. auch dem Schwerbehindertenvertreter würde ich Ihnen erst einmal zum Schweigen raten. Irgendjemand erzählt erfahrungsgemäß immer etwas herum, dann wären Sie in Erklärungsnot. Würde Ihr Arbeitgeber bereits zu diesem sehr frühen Zeitpunkt von

Ihren Rentenplänen erfahren, wird er Ihnen mit Sicherheit keine Lohnfortzahlungen im Krankheitsfall mehr bezahlen, Sie evtl. schikanieren und zum Medizinischen Dienst schicken. Ihr Arbeitgeber würde die Krankenkasse darüber informieren, die wiederum steuert Sie ganz schnell aus und zahlt Ihnen in absehbarer Zukunft kein Krankengeld mehr bzw. drängt Sie, schon frühzeitig bei der Rentenversicherung Antrag auf Erwerbsminderungsrente zu stellen.

Das wäre ungünstig, da es erstens für Ihre Rentenhöhe (je früher Erwerbsminderungsrente bezogen wird, umso höher die lebenslangen Abzüge) besser wäre, wenn Sie diesen Zeitpunkt so lange wie möglich hinauszögern können und zweitens haben Sie evtl. noch gar nicht alle nötigen Unterlagen wie Arztbefunde, Reha-Berichte usw. zusammen. Auch müssen Ihre diversen Erkrankungen bei Ihren behandelnden Ärzten dokumentiert sein. Wenn Sie aber schon so früh kein Gehalt und kein Krankengeld mehr erhalten, wären Sie von der Agentur für Arbeit abhängig.

2

Wichtige Informationen und Tipps für die Antragstellung

Wenn Sie noch berufstätig sind, bekommen Sie von der Rentenversicherung einmal im Jahr eine sogenannte Kontoauskunft. Diese informiert Sie darüber, wie hoch Ihre bisherige Rentenanwartschaft ist. Darin sehen Sie auch, wie hoch Ihre zu erwartende Altersrente (bei gleichbleibendem Verdienst mit 65+X) sein wird. Zudem wird Ihnen mitgeteilt, mit wieviel Rente Sie rechnen können, wenn Sie heute erwerbsunfähig werden würden. Die Höhe dieser Summe ist für Sie relevant, wenn Sie vorhaben, die Erwerbsminderungsrente zu beantragen.

Um aber überhaupt eine Altersrente oder die Erwerbsminderungsrente zu erhalten, müssen Sie mindestens 5 Jahre in die Rentenkasse einbezahlt haben. Auch die Erwerbsminderungsrente profitiert übrigens davon, wenn es eine Rentenerhöhung der regulären Altersrente gibt.

Wenn Sie arbeitslos sind, sind Sie bei der Agentur für Arbeit als arbeitsuchend gemeldet, erhalten Arbeitslosengeld I und die Arbeitsagentur entrichtet für Sie die Rentenbeiträge. Arbeitslosengeld I gibt es normalerweise 12 Monate lang. Wer aber bei Beginn der Arbeitslosigkeit mindestens 50 Jahre alt ist, hat einen längeren Anspruch: je nach Alter bis zu 24 Monate. Die

Höhe des Arbeitslosengeld I beträgt 60% (ohne Kinder) bzw. 67% (mit Kindern) vom letzten Nettogehalt.

Wenn Sie weitere Auskünfte und Informationen benötigen, die das Arbeitslosengeld I und II betreffen, empfehle ich Ihnen, sich bei der Agentur für Arbeit genau zu erkundigen.

Wenn Sie krank sind, können Sie sich auch ohne Arbeitsverhältnis krankschreiben lassen. Die AU's sollten Sie in Ihrem eigenen Interesse immer pünktlich beim Arbeitgeber oder bei der Agentur für Arbeit abgeben oder per Einschreiben (Einwurfeinschreiben ist etwas billiger, genügt aber als Nachweis ebenso) abschicken.

Sind Sie bereits über 50 Jahre alt, passiert es leider immer häufiger, dass Arbeitnehmer, die über längere Abschnitte regelmäßig krankgeschrieben sind, von der eigenen Krankenkasse regelrecht gedrängt werden, endlich die Erwerbsminderungsrente zu beantragen. Die Krankenkassen machen ihren dauerkranken Versicherten deshalb Druck, weil der Arbeitgeber bei einer Krankschreibung (AU) nur 6 Wochen das Gehalt weiterzahlen muss. Danach greift das Krankengeld. Doch aufgepasst, das läuft auch nicht endlos so weiter. Pro gleicher Erkrankung darf ein Versicherter nur 78 Wochen innerhalb von 3 Jahren fehlen. Sonst stellt die Krankenkasse die Zahlungen ein. Wenn Sie mehrere diagnostizierte Erkrankungen haben, ist es deshalb für Sie günstiger, erst die 78 Wochen, die Sie aber nicht am Stück fehlen müssen, wegen immer derselben Krankheit zu fehlen. Im Anschluss können Sie sich dann z.B. wegen einer psychischen Erkrankung wie Depression, Psychose,

Angst- und Zwangsstörung, Burnout etc. krankschreiben lassen. Dann zählen die 78 Wochen wieder neu. Auf diese Weise können Sie einige Jahre hinauszögern, in denen der Arbeitgeber bzw. die Krankenkasse noch Rentenbeiträge auf Basis Ihres letzten Gehalts für Sie in die Rentenkasse einzahlt.

Das macht sich dann natürlich auch bei der Höhe Ihrer künftigen Erwerbsminderungsrente bemerkbar. Je länger Sie den Antrag hinauszögern können, desto besser für Sie.

Wenn Sie jetzt z.B. in Teilzeit arbeiten, es in Ihrem Betrieb aber möglich ist, in Vollzeit wechseln zu können, tun Sie das unbedingt, bevor Sie den Rentenantrag stellen. Selbst wenn Sie schon Antrag auf Erwerbsminderungsrente gestellt hätten und die Möglichkeit bekämen, wechseln Sie in Vollzeit. Dies wird sich positiv auf die Höhe des Krankengeldes sowie auf das Arbeitslosengeld I auswirken, da sich diese Zahlungen immer aus dem Nettoeinkommen des letzten Jahres berechnen.

Wenn Ihnen die Krankenkasse Probleme machen sollte, weil Sie wegen derselben Erkrankung bereits zu lange fehlen oder weil sie wegen einer neuen Krankheit mauert und kein Krankengeld mehr zahlen will bzw. die Zahlung hinauszögert, gibt es auch einen anderen Weg, in der Sie die Krankenkasse erstmal nicht benötigen. Der wird Sie zwar viel Nerven und Durchhaltevermögen kosten, funktioniert aber todsicher. Sie lassen sich 6 Wochen krankschreiben, gehen dann einige Tage in die Arbeit und schieben dann wieder eine neue AU nach. Dies wird

Ihren Arbeitgeber nicht glücklich machen und er wird sich mit Sicherheit überlegen, was er mit Ihnen machen kann.

Die Frage, die sich für Sie stellt ist diese: wie viel Zeit wollen Sie mit den AU's schinden?

Wenn Sie keinen Schwerbehindertenstatus haben oder zumindest die Gleichstellung mit einem schwerbehinderten Menschen, wird Ihr Arbeitgeber sich über kurz oder lang überlegen, Sie zu kündigen. Deshalb sollten Sie jetzt keine Zeit mehr verlieren und Ihre Erwerbsminderungsrente planen, wenn Sie vor der Rente nicht noch arbeitslos werden wollen.

Ich habe in meinem letzten Ratgeber bereits ausführlich beschrieben, wie Sie ziemlich schnell und sicher einen Grad der Behinderung und den Schwerbehindertenausweis bekommen können. Nehmen Sie die Angelegenheit bitte ernst; wenn Sie krank sind, keine Besserung in Sicht ist und wenn Sie oft am Arbeitsplatz fehlen, brauchen Sie ganz dringend einen Grad der Behinderung und parallel dazu die Gleichstellung mit einem schwerbehinderten Menschen, um erstmal den besonderen Kündigungsschutz zu genießen.

Haben Sie bereits einen Grad der Behinderung bzw. den Schwerbehindertenstatus, ist es einfacher. Ich gehe davon aus, dass Sie auch die Gleichstellung haben, sollte Ihr GdB noch unter 50, aber über 30 sein? Wenn nicht, bitte beantragen Sie diese SOFORT! (Kapitel 13+14).

Wenn Sie die Gleichstellung bzw. einen GdB von mindestens 50 haben, sind Sie fürs erste auf der sicheren Seite. Zwar sind Sie auch als Schwerbehinderter nicht unkündbar, aber für Ihren Arbeitgeber ist es ungleich schwerer und langwieriger, Sie als permanent krankgeschriebenen Mitarbeiter loszuwerden. Dazu bedarf es der Zustimmung des Integrationsamtes. Zuvor wird es aber einige Versuche der Wiedereingliederung geben. So können Sie locker noch 1-2 Jahre rauszögern.

In dieser Zeit der vielen Krankschreibungen sollten Sie sich darüber klarwerden, was Sie wollen. Wenn Sie die Erwerbsminderungsrente anstreben, sollten Sie noch ein bis zwei Rehabilitationsmaßnahmen machen, um Ihren Arbeitgeber für einige Zeit ruhig zu stellen. Denn spätestens wenn Sie die Erwerbsminderungsrente beantragen werden, wird die Rentenversicherung verlangen, dass Sie alles in Ihrer Macht stehende tun, um Ihre Arbeitsfähigkeit zu erhalten bzw. wiederzuerlangen. Diese Rehabilitationsmaßnahme wird vom Rentenversicherungsträger bezahlt, weshalb dieser auch den Abschluss-Bericht über Ihre Gesundheit erhält. In meinem letzten Ratgeber habe ich ausführlich beschrieben, weshalb für Sie „positive" Arztbefunde sowie ein guter Abschlussbericht der Rehaklinik so enorm wichtig sind. Denn nur davon wird es letztendlich abhängen, ob Sie die Erwerbsminderungsrente erhalten werden oder ob Ihr Antrag abgelehnt werden wird.

Ihr Arbeitgeber sieht, dass Sie alles dazu tun, um Ihre

Arbeitskraft wiederherzustellen. Dass Sie unabhängig davon vorhaben, die Erwerbsminderungsrente zu beantragen, erwähnen Sie besser noch nicht, denn sonst wird Ihr Arbeitgeber Sie drängen, gleich den Rentenantrag zu stellen, weil nicht mehr damit zu rechnen wäre, dass sich Ihre Fehlzeiten reduzieren werden. Zu früh dürfen Sie die Erwerbsminderungsrente beim Rentenversicherungsträger aber auch nicht beantragen, weil diese sonst zu lange rückwirkend genehmigt werden würde, was einen Verlust der Rentenbeiträge des Arbeitgebers zur Folge hätte und Ihre Rente logischerweise kürzer ausfallen würde.

Sie müssen ein Gefühl dafür bekommen, wie die Krankenkasse zu Ihnen steht und wie sehr diese Sie unter Druck setzt. Ein guter persönlicher und regelmäßiger Kontakt zum Sachbearbeiter bei der Krankenkasse wäre hier sicher nützlich. Die Krankenkasse wird, wenn Sie das Gefühl hat, dass Sie dauerhaft krank sind und die Gesundheitsprognose schlecht ist, auch bei jeder neuen Krankschreibung bei Ihnen anrufen und nachfragen, wie es aussieht. Hier könnten Sie beispielsweise sagen, dass Sie noch Anwendungen bekommen, eine Therapie machen wollen (bei psychischen Problemen) oder eine Rehabilitationsmaßnahme planen, falls Ihre bisherigen Bemühungen nicht helfen sollten. Bitten Sie Ihre Krankenkasse, Ihnen diese Zeit zu geben und abzuwarten. Erst wenn die Krankenkasse gar keine Geduld mehr hat, spielen Sie Ihren Joker aus und teilen mit, dass Sie vorhaben, sollte sich Ihr

Gesundheitszustand entgegen Ihren Hoffnungen nicht mehr bessern, die Erwerbsminderungsrente zu beantragen. Dann haben Sie wieder einige Zeit Ruhe.
Der Antrag auf die Erwerbsminderungsrente wird auch nicht von heute auf morgen entschieden.

Aber das unsichere Stadium davor, wo Sie sich mit der Krankenkasse, dem Arbeitgeber, evtl. bei Kündigung des Arbeitsverhältnisses mit der Agentur für Arbeit und später auch mit der Rentenversicherung herumschlagen müssen, ist eine sehr harte Zeit, durch die Sie durchmüssen. Es kommt auf die richtige Balance an: Sie müssen jeden der beteiligten Stellen immer wieder beruhigen und Zeit schinden.
Irgendwann wird es in Ihrer Arbeit schwieriger werden und Ihr Arbeitgeber wird nicht weiter gewillt sein, Ihre vielen Fehlzeiten zu akzeptieren. Auch die Krankenkasse wird nicht ewig Krankengeld bezahlen wollen.
Deshalb wäre jetzt der ideale Zeitpunkt, den Antrag auf die Erwerbsminderungsrente zu stellen. Wie schon gesagt, müssen Sie das auch noch nicht Ihrem Arbeitgeber oder Ihrer Krankenkasse mitteilen. Wenn Sie den Antrag gestellt haben und sich theoretisch weiter krankschreiben lassen, bekommen Sie natürlich auch weiter Ihr Gehalt oder Krankengeld bezahlt. Das können Sie so lange machen, bis irgendwann, in der Regel innerhalb von 3-5 Monaten, der Bescheid der Rentenversicherung kommt.
Nun kann es Ihnen passieren, wenn Wiedereingliederungsmaßnahmen und Gespräche, an

denen das Integrationsamt, Ihr Arbeitgeber sowie die Schwerbehindertenvertretung beteiligt waren, nichts halfen, Ihnen Ihr Arbeitgeber das Arbeitsverhältnis kündigt. Das wäre für Sie aber bei Weitem nicht so schlimm, wie es auf den ersten Blick vielleicht aussehen mag. Denn Sie haben je nach Länge der Betriebszugehörigkeit auch eine dementsprechend lange Kündigungsfrist. Denn eine Kündigung anhand langer krankheitsbedingter Fehlzeiten mit schlechter Zukunftsprognose rechtfertigt keine fristlose Kündigung. Sollte Ihnen Ihr Arbeitgeber also das Arbeitsverhältnis wegen Krankheit kündigen und sollte bei vorhandenem Schwerbehindertenstatus oder Gleichstellung das Integrationsamt zugestimmt haben, kann sich die Sache auch finanziell für Sie lohnen. Wenn Sie eine Arbeits-Rechtsschutzversicherung haben, rufen Sie schnellstmöglich da an und erklären Ihre Sachlage. Sie bekommen noch am Telefon eine Schadensnummer zugeteilt. Dann dürfen Sie sich einen Rechtsanwalt nehmen. Sie müssen auch nur etwa € 100.- Selbstbeteiligung an den Rechtsanwalt bezahlen, das ist vollkommen rechtens. Diesen Rechtsanwalt beauftragen Sie, innerhalb der Widerspruchsfrist eine Kündigungsschutzklage beim zuständigen Arbeitsgericht einzureichen. Es wird nach einigen Wochen bis wenigen Monaten zu einer ersten Verhandlung kommen. Während dieser Zeit lassen Sie sich natürlich weiter krankschreiben und schicken die AU immer pünktlich und per Einschreiben (evtl. jetzt mit Rückschein) Ihrem Arbeitgeber.

In der Regel wird der Richter (dem Sie nichts von Ihrem Rentenantrag erzählen müssen), wenn Sie weiter betonen, dass Sie wieder arbeiten und alles für Ihre Genesung tun wollen, die Kündigung Ihres Arbeitgebers nicht gelten lassen.

Ihr Arbeitgeber wird in der Regel aber mit allen Mitteln verhindern wollen, dass Sie weiter bei ihm angestellt bleiben. Also wird der Richter irgendwann feststellen, dass Ihnen das Arbeitsverhältnis unter diesen Umständen nicht mehr zugemutet werden kann und in Richtung des Arbeitgebers einen Vergleich vorschlagen.

Jetzt können Sie etwas pokern. Lassen Sie vor Gericht ruhig durchblicken, dass Sie eigentlich gerne weiterarbeiten möchten.

Dann wird Ihr Arbeitgeber wahrscheinlich eher auf einen für Sie guten Vergleich eingehen, um Sie endgültig loszuwerden. Der springende Punkt ist nur noch die Höhe. Entweder macht Ihr eigener Anwalt hier einen Vorschlag, üblich sind ½ Monatsgehalt pro Beschäftigungsjahr. (Faustformel: Bruttoverdienst x 0,5x Länge der Betriebszugehörigkeit in Jahren). Vermutlich wird diese Summe dem Arbeitgeber zu hoch sein und er macht ein Gegenangebot. Erst wenn sich beide Parteien nicht einigen können, zieht sich das Gericht (1 Berufsrichter, 2 Schöffen) zu einer kurzen Beratung zurück. Im Anschluss verkündet das Gericht das Urteil, welches in Ihrem Fall beinhalten wird: die Vergleichssumme, die es als angemessen ansieht plus evtl. noch ausstehender Urlaub, der jetzt finanziell ausbezahlt werden muss sowie das Datum, ab dem die Kündigung rechtskräftig ist.

Wenn dem Beklagten die Höhe der Abfindungssumme zu hoch ist, muss er in Berufung gehen, läuft dann aber Gefahr, dass das Berufungsgericht Ihnen eine noch höhere Abfindung zuspricht. In 80-90% der Fälle wird er also darauf eingehen. Sie dürfen sich nach Verkündung des Urteils noch kurz mit Ihrem Rechtsbeistand vor der Tür beraten, ob Sie das Vergleichsangebot des Gerichtes annehmen wollen.

Vorsicht ist geboten, wenn Ihr Arbeitgeber vorschlägt, Ihnen eine Abfindung zu bezahlen unter der Voraussetzung, dass Sie einen Aufhebungsvertrag unterschreiben. Dann wäre in der Regel das Arbeitsverhältnis mit sofortiger Wirkung beendet, was für Sie folgende Konsequenzen hätte: Ihnen ginge Urlaubsgeld, welches Ihnen bis zum Ende des Beschäftigungsverhältnisses zusteht, verloren. Dazu werden Sie mit Sicherheit von der Agentur für Arbeit für drei Monate eine Sperre bekommen, das heißt, es wird kein Arbeitslosengeld I bezahlt. Wenn Ihrem Arbeitgeber also wichtig sein sollte, dass Sie so schnell wie möglich aus der Firma ausscheiden, handeln Sie oder Ihr Rechtsanwalt mit ihm bitte aus, dass er Ihnen zu der Abfindungssumme noch extra drei Monatsbeiträge in Höhe des Arbeitslosengeldes I sowie eine finanzielle Entschädigung für nichtgenommenen Urlaub bis zum Ende der gesetzlichen Kündigungsfrist bezahlt. Erst dann hätten Sie keinen finanziellen Verlust. Geht Ihr Arbeitgeber darauf nicht ein, unterschreiben Sie keinen

Auflösungsvertrag, sondern warten einfach die ordentliche Kündigungsfrist ab. Ein Auflösungsvertrag macht eigentlich für Sie nur einen Sinn, wenn Sie vorhaben, sich noch anderswo zu bewerben. Wenn Sie nicht mehr vorhaben zu arbeiten, schadet Ihnen die Kündigung nicht.

Ich will Ihnen mit meinem Beispiel einer möglichen finanziellen Abfindung nur aufzeigen, wie es für Sie ausgehen kann, wenn Sie es clever anstellen. Ich kenne persönlich nicht wenige Betroffene, die so noch eine ordentliche Abfindung erhalten haben.

Kurz zusammengefasst: Sie haben die Erwerbsminderungsrente beantragt, haben es Ihrem Arbeitgeber verschwiegen; er kündigt Ihnen das Arbeitsverhältnis, was er nicht tun würde, hätte er von Ihrem Rentenantrag gewusst, denn dann wäre er Sie in absehbarer Zeit ja billiger los gewesen, ohne verklagt zu werden. Sie klagen gegen die Kündigung und erhalten mit etwas Glück eine schöne finanzielle Summe und in nicht allzu langer Zeit bekommen Sie auch die Zusage für die Erwerbsminderungsrente. Selbst wenn der Beklagte einem Vergleich zustimmt, wird per Urteil festgestellt, dass er trotz allem die gesetzliche Kündigungsfrist einhalten muss. Da Sie in den meisten Fällen sehr lange krankgeschrieben waren, steht Ihnen auch noch ein finanzieller Ausgleich für den Urlaub (bis zum offiziellen Ausscheiden) zu, den Sie krankheitsbedingt nicht nehmen konnten. Da kommt dann eine ganz ordentliche Summe zusammen.

Sollte das Arbeitsverhältnis nach der gesetzlichen Kündigungsfrist beendet worden sein und Sie haben noch keinen positiven Bescheid vom Rentenversicherungsträger, müssen Sie direkt im Anschluss Arbeitslosengeld I beantragen. Erstens um weiter krankenversichert zu sein, zweitens bekommen Sie ein gutes Arbeitslosengeld, das sich am letzten Gehalt orientiert. Deshalb hatte ich bereits früher erwähnt: wenn es irgendwie möglich ist, stocken Sie Ihr Arbeitsverhältnis in den letzten Monaten/Jahren unbedingt noch von Teilzeit in Vollzeit auf. Hier geht es nicht nur um die Rente, sondern vor allem um das höhere Krankengeld und später evtl. auch um das höhere Arbeitslosengeld I.

Die Dauer des Anspruchs auf Arbeitslosengeld I ist von der Dauer der Versicherungspflichtverhältnisse der letzten 5 Jahre vor Entstehen der Arbeitslosigkeit und vom Alter des Antragstellers abhängig.

Waren Sie die letzten 12 Monate vor der Arbeitslosigkeit pflichtversichert, erhalten Sie 6 Monate lang Arbeitslosengeld I, bei 16 Monaten sind es 8 Monate, bei 20 Monaten sind es 10 Monate und bei 24 Monaten sind es 12 Monate, die Sie AG I erhalten.

Waren Sie 30 Monate vor Arbeitslosigkeit versicherungspflichtig beschäftigt und sind mindestens 50 Jahre alt, erhalten Sie 15 Monate lang AG I, bei 36 Monaten sind es nach Vollendung des 55. Lebensjahres 18 Monate und bei mindestens 48 Monaten nach Vollendung des 58. Lebensjahres erhalten Sie sogar 24 Monate Arbeitslosengeld I.

Besteht kein Anspruch auf Arbeitslosengeld mehr, dann erhält der Arbeitssuchende unter bestimmten Voraussetzungen Sozialstaatleistungen zur Grundsicherung für Arbeitssuchende, z.B. Arbeitslosengeld II und Sozialgeld.

Unter bestimmten Umständen kann von der Agentur für Arbeit auch eine Sperrzeit verhängt werden.

Das bedeutet, dass das Arbeitslosengeld in der Regel 12 Wochen nicht gezahlt wird.

Die Gründe dafür könnten sein:
- Wenn der Antragsteller die Arbeitslosigkeit ohne wichtigen Grund oder durch arbeitsvertragswidriges Verhalten selbst grob fahrlässig herbeigeführt hat
- Wenn mit dem letzten Arbeitgeber ein Aufhebungsvertrag geschlossen wurde.
- Wenn eine von der Arbeitsagentur angebotene Arbeit oder Maßnahme ohne wichtigen Grund abgelehnt, abgebrochen oder nicht angetreten wird.
- Wenn sich der künftige Arbeitslose nicht rechtzeitig bei der Agentur für Arbeit arbeitssuchend gemeldet hat.

Wenn Sie bei der Agentur für Arbeit erklären, dass Sie Erwerbsminderungsrente beantragt haben, infolge jahrelanger krankheitsbedingter Fehlzeiten gekündigt wurden und arbeitsunfähig sind, werden Sie sich nicht bewerben müssen, weil Sie dem Arbeitsmarkt nicht zur Verfügung stehen. Wenn Sie chronisch krank sind und nicht arbeiten können, müssen Sie der Agentur für Arbeit monatlich pünktlich und regelmäßig (lückenlos) eine neue AU vorlegen, um die Unterstützung nicht zu verlieren. Wie viel Arbeitslosengeld I Sie bekommen, hängt vom Bruttogehalt, Abfindungen, Steuerklasse und Kindern ab.

Das Arbeitslosengeld I beträgt in der Regel ca. 60% des pauschalierten Nettoentgelts. Wenn ein Kind oder mehrere Kinder berücksichtigt werden können, erhöht sich das Arbeitslosengeld auf 67%. Wenn Sie noch jünger sind und nicht so lange berufstätig waren, erhalten Sie das Arbeitslosengeld I nur für kurze Zeit. Sollte sich Ihr Antrag auf die Erwerbsminderungsrente in dieser Zeit nicht entscheiden, würden Sie in das Arbeitslosengeld II, auch als Hartz IV bekannt, abrutschen. Da aber beim AG II auch das Einkommen Ihres Ehepartners (Bedarfsgemeinschaft) bzw. Partners, wenn Sie länger als ein Jahr mit ihm zusammenleben, angerechnet wird, kann es sein, wenn dies zu hoch ist, dass Sie gar keine Unterstützung vom Arbeitsamt mehr erhalten werden.

Sollte Ihr Partner mit seinem Einkommen noch unterhalb der Einkommensgrenze liegen und Sie hätten einen Anspruch auf Hartz IV, finden sich im § 12 SGB II die Regelungen zu Vermögensfreibeträgen sowie dem nicht verwertbaren Vermögen (sog. Schonvermögen) bei Hartz IV Bezug. Die Höhe der Vermögensfreibeträge richtet sich nach dem Geburtsdatums bzw. dem Geburtsjahr. Wer beispielsweise ab dem 01. Januar 1964 geboren wurde, hat einen Vermögensfreibetrag von 150 Euro je vollendetem Lebensjahr, höchstens aber 10.050

Euro. Für das Altersvorsorgevermögen sind für jedes Lebensjahr 750 Euro anrechnungsfrei, höchstens jedoch 50.250 Euro.

Sie haben jetzt zwar keinen Arbeitgeber mehr, der Ihnen Druck macht, wenn Sie dauernd krank sind. Aber Sie sind beim Arbeitsamt arbeitslos gemeldet und erhalten Arbeitslosengeld I.

Damit sich beim Rentenversicherungsträger die Angelegenheit positiv für Sie entwickelt, schicken Sie bitte zeitnah eine Kopie der Kündigung Ihres ehemaligen Arbeitgebers sowie andere negative Unterlagen wie beispielsweise Protokolle des Integrationsamtes, woraus hervorgeht, dass der Arbeitgeber wegen schlechter Gesundheitsprognose Ihre Kündigung verlangt hatte, an die Rentenversicherung. Selbst wenn Ihr Antrag auf Rente schon längst gestellt ist, soll man sehen, dass Sie jetzt keine Arbeit mehr haben. Dann geht es mit der Zusage der Erwerbsminderungsrente meistens viel schneller. Sie haben keine Arbeit mehr, also hilft Ihnen jetzt auch keine Rehabilitationsmaßnahme mehr etwas, zu der die Rentenversicherung Sie zuvor hätte drängen können, um Ihre Arbeitskraft zu erhalten oder wiederherzustellen. Dazu sind Sie meistens in einem Alter, wo selbst der Rentenversicherung klar ist, dass jemand, der jahrelang viele Fehlzeiten hatte und dem letztendlich deswegen gekündigt wurde, keine großen Chancen mehr auf dem Arbeitsmarkt hat.

3

Die Voraussetzungen, um eine Erwerbsminderungsrente beantragen zu können. Was ist der Unterschied: berufs- oder erwerbsunfähig?

Bedingung für den Erhalt einer Erwerbsminderungsrente ist zunächst, dass man die Regelaltersgrenze (das Alter, ab dem man die Altersrente erhalten würde) noch nicht erreicht hat. Außerdem muss man mindestens fünf Jahre lang in der gesetzlichen Rentenversicherung versichert gewesen sein, bevor die Erwerbsminderung eingetreten ist. In den letzten fünf Jahren vor Eintritt der Erwerbsminderung müssen drei Jahre mit Pflichtbeiträgen für eine versicherte Beschäftigung oder Tätigkeit belegt sein.

In Deutschland erhalten 1,8 Millionen Menschen eine Erwerbsunfähigkeitsrente, was etwa 20% aller Neurentner ausmacht.

Wer aufgrund einer Krankheit oder Behinderung kaum oder gar nicht mehr arbeiten kann, kann eine Erwerbsminderungsrente erhalten.

Die rechtlichen Grundlagen zur Erwerbsminderungsrente finden sich u.a. im Sechsten Sozialgesetzbuch (SGB6, §43). Es muss auch gesagt werden, dass in Deutschland die Hürden zum Erhalt einer Erwerbsminderungsrente sehr hoch sind. Über 40-50% aller Anträge werden laut Statistik gnadenlos abgelehnt. Um diese sog.

„Frührente" zu erhalten, müssen einerseits natürlich die medizinischen Voraussetzungen erfüllt sein. Aber mindestens genauso wichtig sind gute und vor allem ausführliche Arztbriefe (siehe Kapitel 7) mit einigen guten und wasserdichten Diagnosen.

Eine wichtige versicherungsrechtliche Voraussetzung ist, dass Sie die Regelaltersgrenze noch nicht erreicht haben dürfen. Das ist das Alter, ab dem Sie die Altersrente bekommen würden (65+x).
Vom Rentenversicherungsträger wird genau geprüft werden, ob Ihre weitere Arbeitsfähigkeit durch medizinische und/oder berufliche Reha-Maßnahmen wieder ganz oder zumindest teilweise wiederhergestellt werden kann.

Es gilt der Grundsatz: „Reha vor Rente".
Der Rentenversicherungsträger überprüft also Ihre Arbeitsfähigkeit. Sollte sich ergeben, dass Ihre Arbeitsfähigkeit auch durch Rehabilitationsmaßnahmen nicht wiederhergestellt werden kann, muss in weiteren Schritten geprüft werden, wieviel Stunden pro Tag Sie noch fähig wären zu arbeiten. Daraus resultierend ergibt sich dann die Entscheidung der Rentenversicherung, ob sie Ihnen in Zukunft eine Rente wegen voller oder nur teilweiser Erwerbsminderung zahlen wird. Die volle Erwerbsminderungsrente sollte auf jeden Fall Ihr Ziel sein. Sie sollen natürlich die Rentenversicherung nicht anschwindeln bezüglich Ihrer Arbeitsfähigkeit. Aber erfahrungsgemäß wird Ihnen, selbst wenn Sie eigentlich

nicht mehr fähig wären zu arbeiten, erst einmal Ihr Antrag abgelehnt werden. Gegen diesen Bescheid müssen Sie unbedingt sofort Widerspruch einlegen und diesen bitte **immer** per Einschreiben verschicken.

Selbst wenn auf Ihren Antrag auf Erwerbsminderungsrente bzw. auf Ihren Widerspruch ein positiver Bescheid ergeht, wird Ihnen erfahrungsgemäß zu 90% erst einmal nur die teilweise Erwerbsminderungsrente zugestanden werden.
Musterbriefe des Antrags auf Erwerbsminderungsrente sowie für den Widerspruch stelle ich Ihnen in Kapitel 15, 16 und 21 gerne zu Ihrer eigenen Verwendung zur Verfügung. Sie müssen der Einfachheit halber nur noch Ihre eigenen persönlichen Daten eintragen.

Berufs- oder erwerbsunfähig?
Was bedeutet das für mich?
Eine Berufsunfähigkeit (BU) liegt dann vor, wenn wir aufgrund eines Unfalls/Verletzung, einer schweren Krankheit oder eines allgemeinen Kräfteeinbruchs dauerhaft nicht mehr in der Lage sind, unseren erlernten Beruf bzw. die Tätigkeit, die unserer Ausbildung gleichkommt, auszuüben.
Beispiel: Eine Bäckerin entwickelt eine Allergie gegen Mehlstaub.
Aber auch Menschen, die durch die Ausübung ihrer Arbeit körperliche oder geistige Schäden davon getragen haben, sind berufsunfähig.

Am weitesten verbreitet sind Herz- und Kreislauferkrankungen, Krebserkrankungen, psychische Erkrankungen wie z.B. Depressionen sowie Beeinträchtigungen der Wirbelsäule und der Gelenke.

Für die deutsche Rentenversicherung sind all diejenigen Personen berufsunfähig, die ihren erlernten Beruf nicht mehr als 6 Stunden pro Tag ausüben können. Menschen jedoch, die in einer anderen zumutbaren Tätigkeit noch ganztags arbeiten können, gelten nicht als berufsunfähig.

Im Falle einer Erwerbsunfähigkeit sind wir zusätzlich außerstande, jede andere Art von beruflicher Tätigkeit durchzuführen. Der Betroffene kann keine Art der Beschäftigung mehr ausüben und ist auch nicht mehr in der Lage, sechs Stunden am Tag einer geregelten Arbeit nachzugehen. Eine verminderte Erwerbsfähigkeit resultiert also aus einem krankheits- bzw. behinderungsbedingten Zustand physischer oder psychischer Schwäche, der die Fähigkeit eines Menschen einschränkt, seinen Lebensunterhalt durch Ausübung einer beruflichen Tätigkeit zu verdienen. Im Gegensatz zum Grad einer Behinderung bezieht sie sich ausschließlich auf die Leistungsfähigkeit im Berufsleben und nicht auf andere Lebensbereiche.

Vergleicht man die Berufsunfähigkeit mit der Erwerbsunfähigkeit, lässt sich sagen, dass die Kriterien für die Berufsunfähigkeit strenger sind als bei der Erwerbsunfähigkeit. Die Berufsunfähigkeit wird in der Regel auch durch ein medizinisches Gutachten bestätigt werden.

Für alle Mitglieder der gesetzlichen Rentenversicherung gilt seit dem Jahr 2001 die Erwerbsminderungsrente. Eine Ausnahme bilden Personen, die vor 1961 geboren wurden und mindestens drei Jahre vor der Berufsunfähigkeit einer sozialversicherungspflichtigen Beschäftigung nachgegangen sind. Diese erhalten im Rentenfall eine Berufsunfähigkeitsrente. Aber auch dann muss mit Einschränkungen gerechnet werden.

Der Abschluss einer privaten Berufsunfähigkeitsversicherung in bereits jüngeren Jahren ist auf jeden Fall zu empfehlen.

Ab dem Stichtag 01. Januar 2001 wird aufgrund von zeitweiser oder dauerhafter Arbeitsunfähigkeit keine Berufsunfähigkeitsrente, sondern nur noch eine Erwerbsminderungsrente gezahlt. Die Berufsunfähigkeitsrente bemisst sich am erlernten bzw. zuletzt ausgeübten Beruf, die Erwerbsminderungsrente hingegen an der prinzipiellen Fähigkeit einer Arbeit nachzugehen.

4

Was bedeutet „Resterwerbsfähigkeit"?

Wer vor dem 02.01.1961 geboren wurde, kann sich auf die Definition der früher gesetzlichen Berufsunfähigkeit beziehen und kommt in den Genuss des Berufsschutzes. Das heißt, es zählt der Beruf, den Sie ausgeübt haben. Ihnen darf maximal ein zumutbarer gleichwertiger Beruf zugewiesen werden. Sie müssen nicht jede Tätigkeit annehmen, die Sie vermittelt bekommen.

Die Resterwerbsfähigkeit wird in der Regel, unabhängig vom erlernten Beruf des Versicherten, durch Ärzte des Rentenversicherungsträgers beurteilt werden, bei Bedarf mit Unterstützung durch externe ärztliche Gutachter. Die Beurteilung der Resterwerbsfähigkeit muss nach dem Willen des Gesetzgebers vollständig, umfassend und unter Beachtung der Wechselwirkungen der verschiedenen Krankheiten geschehen. Insbesondere bei seltenen Krankheiten und bei Krankheiten, bei denen man z.B. mit Röntgenuntersuchungen, Labordaten usw. nur wenig oder nichts objektivieren kann, ist eine Beurteilung schwierig.

5

Arbeitgeber oder Krankenkasse haben Zweifel an Ihrer Krankheit und schicken Sie zur Arbeitsunfähigkeitsbegutachtung

Es ist immer noch vielen unklar, was der MDK für eine Funktion hat und wer ihn beauftragen kann. Der MDK hat nichts mit der Rentenversicherung zu tun, die ihre eigenen Gutachter hat. Nicht wenige Arbeitnehmer, gerade wenn sie häufiger krankheitsbedingt am Arbeitsplatz fehlen, erhalten eine Einladung, sich beim Gutachter des MDK vorzustellen. Da Ihnen dies auch im Vorfeld der Antragstellung zur Erwerbsminderungsrente passieren kann, erkläre ich Ihnen dazu die wichtigsten Punkte.

Was ist der MDK?
Der MDK ist der gesetzlich legitimierte, unabhängige Beratungs- und Begutachtungsdienst der gesetzlichen Krankenversicherung.

Welche Qualifikation hat der beratende Arzt des MDK?
Der beratende/begutachtende Arzt des MDK ist qualifizierter und erfahrener Sozialmediziner mit in der Regel Facharztqualifikation in einem medizinischen Fachgebiet.

Bin ich verpflichtet zum MDK zu gehen, wenn ich von meiner Krankenkasse dazu aufgefordert werde?

Der MDK spricht bei Notwendigkeit einer persönlichen Begutachtung eine Einladung gegenüber dem Versicherten aus. Der Versicherte kann dieser Einladung folgen. Falls der Versicherte der Einladung nicht Folge leistet, bleibt der Krankenkasse ihrerseits die Prüfung der Mitwirkungspflicht vorenthalten.

Kann der Arbeitgeber verlangen, dass sich sein Arbeitnehmer beim MDK vorstellt?

Der Arbeitgeber hat das Recht bei begründeten Zweifeln an der Arbeitsunfähigkeit (AU) seines Mitarbeiters, möglichst zeitnah nach dem AU-Beginn bei der Krankenkasse des Versicherten einen Antrag auf Begutachtung zu stellen. Lässt sich die Fragestellung bereits mit dem Wissen der Krankenkasse eindeutig beantworten, kommt es nicht zur Einschaltung des MDK. Ansonsten leitet die Krankenkasse den Auftrag zur Überprüfung an den MDK weiter.

Was erfährt der Arbeitgeber, wenn er eine Überprüfung beim MDK veranlasst hat?

Der Arbeitgeber erfährt lediglich das Ergebnis der Begutachtung über die Krankenkasse. Der MDK unterliegt der Schweigepflicht und hat keinerlei Kontakt zum Arbeitgeber.

Kann der MDK-Gutachter Einfluss auf die Behandlung meines Haus-/Facharztes nehmen?

Der beratende/begutachtende Arzt greift nicht in die Behandlung ein. Die Diagnosestellung und Therapie erfolgen alleinig durch den behandelnden Arzt. Angaben zu Diagnostik/Therapie im Rahmen der Beratung/Begutachtung des sozialmedizinisch tätigen Arztes des MDK sind immer eine Empfehlung unter dem Gesichtspunkt der Rückkehr an den Arbeitsplatz/auf den allgemeinen Arbeitsmarkt zum Erhalt bzw. Schaffung der beruflichen Perspektive des Versicherten.

Der Medizinische Dienst der Krankenversicherung (MDK) ist der gesetzlich verankerte Begutachtungsdienst der Gesetzlichen Kranken- und Pflegeversicherung (GKV). Auf der Grundlage der Sozialgesetzbücher V (Gesetzliche Krankenversicherung) und XI (soziale Pflegeversicherung) gibt der MDK gutachterliche Stellungnahmen ab. An der Schnittstelle zwischen Kranken- und Pflegeversicherung und Leistungsanbietern (Vertragsärzte, Krankenhäuser, Anbietern von Heil- und Hilfsmitteln) treten naturgemäß Konflikte auf. Mit einem besseren Verständnis von Aufgabe und Perspektive des jeweiligen Gegenparts ließen sich zahlreiche dieser Reibungssituationen zumindest mildern.

Reibungsverluste zwischen MDK-Gutachtern und behandelnden Ärzten entstehen häufig aus dem Umstand heraus, dass Fragestellung und

Begutachtungsauftrag des MDK sowie deren gesetzliche Grundlagen nur unvollständig bekannt sind.

Die wichtigsten Verfahrensbegriffe und –schritte bei der Begutachtung von Arbeitsunfähigen werden deshalb im Folgenden skizziert.

Arbeitsunfähigkeit

Arbeitsunfähigkeit (AU) ist kein medizinischer, sondern ein juristischer Begriff. AU ergibt sich also nicht zwangsläufig aus Art und Zahl der Diagnosen, sondern aus den Leistungseinschränkungen.

Arbeitsunfähigkeit liegt vor, wenn ein Versicherter aufgrund von Krankheit seine ausgeübte Tätigkeit nicht mehr oder nur unter der Gefahr der Verschlimmerung der Erkrankung ausführen kann. Das heißt: Krankheit allein ist noch nicht gleichbedeutend mit Arbeitsunfähigkeit. Der häufig verwandte Begriff „Krankschreibung" ist falsch und führt in die Irre. Ob Krankheit die Arbeitsfähigkeit beeinträchtigt, hängt wesentlich ab von

- Art und Schwere der Erkrankung
- dem physischen und psychischen Gesamtzustand des kranken Menschen und
- der Art der beruflichen Tätigkeit und den damit verbundenen Anforderungen.

Die Diagnose des behandelnden Arztes, die tatsächlichen Leistungseinschränkungen sowie die Anforderungen des jeweiligen Arbeitsplatzes werden zusammen betrachtet. Wer krankgeschrieben ist, muss nicht unbedingt zu Hause bleiben. In Absprache mit dem behandelnden Arzt können z.B. Spaziergänge und andere Freizeitaktivitäten den Genesungsprozess fördern.

Arbeitgeberzweifel

Zweifelt der Arbeitgeber die Arbeitsunfähigkeit seines Mitarbeiters an, hat er gesetzlich das Recht, über die Krankenkasse eine Prüfung durch den MDK zu veranlassen. Der MDK kommt einem solchen Auftrag aufgrund der gesetzlichen Bestimmungen innerhalb von 3-5 Werktagen – in der Regel in Form einer Kurzbegutachtung – nach. Der MDK informiert die Krankenkasse über das Ergebnis der Begutachtung und die Diagnose. Die Krankenkasse informiert den Arbeitgeber über das Ergebnis der Begutachtung. Medizinische Informationen inklusive der Diagnose werden dem Arbeitgeber aufgrund des Datenschutzes nicht zur Kenntnis gegeben.

Begutachtungsauftrag

Das Gutachten ist grundsätzlich an der Fragestellung der Krankenkasse orientiert. Am häufigsten wird hierbei die vom Arzt festgestellte Dauer der Arbeitsunfähigkeit geprüft.
Eine effektive Vorauswahl vermeidet unnötige Einladungen von Versicherten/Patienten zum MDK,

sofern bei der Vorberatung mit den Krankenkassen ausreichende Informationen verfügbar sind. Unverzichtbar hierfür ist der Bericht für den MDK, mit dem vom behandelnden Arzt laufende oder geplante medizinische Maßnahmen, aber auch seine medizinische Einschätzung, erfragt werden.

Probleme kann dies in Situationen aufwerfen, wenn AU-attestierender und behandelnder Arzt nicht identisch sind. Verbliebene Informationslücken werden neuerdings im Einzelfall durch eine Anfrage beim Patienten geschlossen.

Wann begutachtet der MDK

Eine der originären Aufgaben des MDK ist die Begutachtung von Arbeitsunfähigkeit. Sie hat auch angesichts der Veränderungen im Gesundheitssystem nach wie vor einen hohen Stellenwert. Zum Beispiel ist Langzeitarbeitsunfähigkeit für die Versicherten langfristig mit der Gefahr sozialen Abstiegs und daraus resultierenden negativen Folgen verbunden. Ein Ziel der MDK-Begutachtung ist es deshalb, lang andauernde Arbeitsunfähigkeit zu verhindern. Bei jeder Arbeitsunfähigkeit geht es um einen Zusammenhang von rechtlichen, beruflichen und medizinischen Fakten. Diese und die praktische Bedeutung und Folgen für den Versicherten, Vertragsarzt, Arbeitgeber und die Krankenkasse machen Arbeitsunfähigkeit zu einem komplexen Geschehen.

Die Begutachtung dient dem Erhalt der Arbeitsfähigkeit bzw. der Erwerbsfähigkeit durch frühzeitiges Erkennen notwendiger Präventions- und Rehabilitations-Maßnahmen. Die Sozialmediziner des MDK unterstützen dabei auch die therapeutischen Bemühungen behandelnder Ärzte.

Der Gesetzgeber verpflichtet die Krankenkassen, in bestimmten Fällen von Arbeitsunfähigkeit eine gutachterliche Stellungnahme des Medizinischen Dienstes einzuholen. Ziel ist es,

- den Behandlungserfolg bei Arbeitsunfähigkeit zu sichern und Arbeitsfähigkeit wiederherzustellen, z.B. durch Einleitung von Rehabilitationsmaßnahmen durch den Rentenversicherungsträger,
- Zweifel (der Krankenkasse oder des Arbeitgebers) an der Arbeitsunfähigkeit zu beseitigen.

Begutachtungsverfahren

Bevor der MDK eingeschaltet wird, kümmern sich die Krankenkassen um die arbeitsunfähig Kranken. Mitarbeiter der Krankenkasse nehmen telefonisch Kontakt mit dem Versicherten auf und bitten schriftlich um Auskunft zur aktuellen Situation. Die Krankenkasse erkundigt sich z.B. nach den konkreten Anforderungen und Belastungen am Arbeitsplatz. Danach entscheidet die Krankenkasse, ob eine sozialmedizinische Beratung durch den MDK erforderlich ist. Für die MDK-Beratung sollten möglichst viele aussagekräftige Befunde und Informationen (z.B. Arbeitsplatzbeschreibung) vorliegen. Die Krankenkassen organisieren die

Beschaffung der Unterlagen. Die Versicherten können die Krankenkassen dabei aktiv unterstützen.

In der sich anschließenden sozialmedizinischen Fallberatung (SFB) werden die medizinischen Fragen der Krankenkassen durch Ärzte des MDK und Kassenmitarbeiter individuell mündlich erörtert. Hier entscheidet sich, ob weitere Informationen erforderlich sind oder ob eine Begutachtung beim MDK angebracht ist. Reichen die Unterlagen aus, kann auf eine persönliche Untersuchung verzichtet werden.

Persönliche Begutachtung

Zur persönlichen Begutachtung in einer MDK-Beratungsstelle erhalten die Versicherten eine schriftliche Einladung von ihrer Krankenkasse. Ein erfahrener Sozialmediziner bespricht alle Aspekte der Arbeitsunfähigkeit. Dazu gehören in der Regel eine Untersuchung und eine abschließende Beratung zu weiteren Maßnahmen. Beispielsweise kann der MDK-Arzt ein über die Krankenkasse finanziertes schrittweises Zurückkehren an den Arbeitsplatz als so genannte stufenweise Wiedereingliederung empfehlen. Der MDK-Arzt greift nicht in die Behandlung des behandelnden Arztes ein, steht aber ebenso für alle medizinischen Fragen zur Verfügung.

Begutachtungsergebnis

Eine fallabschließende Beurteilung nach einer Untersuchung beim MDK ist dennoch nicht in jedem Fall möglich.

Zur Sicherung des Behandlungserfolges fordern gesetzlicher Auftrag und Fragestellung der Krankenkasse den MDK-Gutachter explizit auf, weiterführende Maßnahmen (Diagnosen, Therapie, Rehabilitation, Arbeitsplatzveränderung) in einer Wiederholungsbegutachtung zu hinterfragen.

Das sollte nicht mit einem Eingriff in die ärztliche Therapiefreiheit verwechselt werden, stellt dies doch im Wesentlichen eine verstärkte Herausarbeitung sozialmedizinischer Aspekte dar.

Häufig kann der MDK-Arzt dem Versicherten das Begutachtungsergebnis direkt mitteilen. Müssen beispielsweise noch Laborergebnisse abgewartet werden oder möchte der MDK-Arzt noch Rücksprache mit dem behandelnden Arzt halten, wird das Gutachtensergebnis der Krankenkasse schriftlich übermittelt. Die Krankenkasse informiert dann den Versicherten. Im Gutachten des Medizinischen Dienstes werden die Leistungseinschränkungen beschrieben und im Hinblick auf die Arbeitsplatzanforderungen bewertet. Daraus kann bezogen auf die zuletzt ausgeübte Tätigkeit abgeleitet werden, ob

- die Arbeitsunfähigkeit beendet werden kann,
- weiterhin Arbeitsunfähigkeit besteht, aber in absehbarer Zeit beendet werden kann
- oder die Arbeitsunfähigkeit auf Dauer besteht.

Die Begutachtung beschränkt sich aber nicht nur auf die Frage nach dem Fortbestehen der Arbeitsunfähigkeit. Im weiteren Sinne geht es auch um die Erhaltung der Erwerbsfähigkeit bis zum regulären Rentenalter. Deshalb geben die MDK-Gutachter auch Empfehlungen zu weiteren therapeutischen Maßnahmen ab wie z.B. geeignete Rehabilitationsmaßnahmen und äußern sich ggf. auch zu beruflichen Aspekten. Dies können beispielsweise Vorschläge berufsfördernder Maßnahmen (Leistungen zur Teilhabe am Arbeitsleben), für einen Arbeitsplatzwechsel oder für eine innerbetriebliche Umsetzung sein.

Nach Abschluss der Begutachtung erhält die Krankenkasse das Ergebnis und die erforderlichen Angaben über den Befund. Der behandelnde Arzt bekommt das MDK-Gutachten.
Kann die letzte Tätigkeit auf Dauer nicht mehr ausgeübt werden, kann dies das abschließende Votum sein, welches möglicherweise ein Rentenverfahren nach sich zieht. Das Ergebnis der Begutachtung durch den MDK ist für den AU-bescheinigenden Vertragsarzt verbindlich.

Noch ein Tipp:
Wenn Sie von der Krankenkasse eine Einladung zum Medizinischen Dienst erhalten, weil evtl. Zweifel an Ihrer Arbeitsunfähigkeit besteht, steht Ihnen eine Erstattung der Fahrkosten zum MDK-Gutachter (Hin- und Rückfahrt) zu. Die Fahrtkosten erstattet Ihre Krankenkasse.

Ende der Arbeitsunfähigkeit

Folgt aus dem MDK-Gutachten ein ausreichendes Leistungsvermögen für den bestehenden Arbeitsplatz, teilt der MDK-Gutachter das Ende der Arbeitsunfähigkeit der Krankenkasse, dem behandelnden Arzt sowie dem Patienten mit.

Eine Fortschreibung der Arbeitsunfähigkeit durch den Vertragsarzt ist dann nicht mehr möglich, es sei denn, er erhebt einen medizinisch begründeten Widerspruch, der Anlass für eine Zweitbegutachtung beim MDK durch einen anderen Gutachter wäre. Die subjektive Bewertung durch den Patienten alleine reicht für den Widerspruchsfall nicht aus.

Fortdauer der Arbeitsunfähigkeit

Bei anhaltend eingeschränktem Leistungsvermögen können verschiedene gutachterliche Empfehlungen ausgesprochen werden:

- Indikation von Rehabilitationsleistungen
- Innerbetriebliche Umsetzung, berufsfördernde Maßnahmen (Umschulung, Fort- und Ausbildung).

Ist mittelfristig eine Wiederherstellung der Arbeitsfähigkeit absehbar, kann eine stufenweise Wiedereingliederung empfohlen werden. Grundsätzlich soll eine derartige Maßnahme 6 Monate nicht überschreiten, die Wiedereingliederung ist für Arbeitnehmer und Arbeitgeber freiwillig.

Erfahrungsgemäß kann die stufenweise Wiedereingliederung jedoch in zwei bis drei Monaten abgeschlossen sein. Während der Wiedereingliederung ist der Patient weiter arbeitsunfähig, damit kann diese Maßnahme kostenneutral für den Arbeitgeber sein.

Dauerhafte Arbeitsunfähigkeit ist zunehmend bei eingeschränktem Leistungsvermögen, aber unveränderten Anforderungen am Arbeitsplatz, auch wenn sich ein positives Leistungsbild für eine andere (leichtere) Tätigkeit beschreiben ließe.

Bei erheblich eingeschränktem Leistungsvermögen hat der Gutachter die Frage der Erwerbsfähigkeit zu prüfen.

6

Haben Sie schon einen Grad der Behinderung?
Das wäre sehr hilfreich für den Rentenantrag

Zuerst einmal möchte ich Ihnen im Vorfeld sagen, dass ein Grad der Behinderung nicht unbedingt notwendig ist, um eine Erwerbsminderungsrente zu beantragen. Sie können Glück haben und die Erwerbsminderungsrente wird Ihnen gleich beim ersten Antrag genehmigt werden. In der Praxis ist es aber so, dass Sie diese Rente beantragen wollen, weil Sie wahrscheinlich schon seit längerem chronisch krank und deshalb unfähig sind, Ihrer Arbeit nachzugehen.

Auch die Mitarbeiter der Rentenversicherung wissen natürlich, dass chronisch kranke Menschen, um es im Berufsleben einfacher zu haben, zuerst einmal versuchen werden, einen Grad der Behinderung beim Versorgungsamt zu erlangen. Ihr Ziel sollte hier immer ein Mindestgrad der Behinderung von 50 sein, womit Sie den Schwerbehindertenstatus mit Ausweis erhalten. Damit verbunden ist unter anderem auch der besondere Kündigungsschutz am Arbeitsplatz.

Was viele nicht wissen: bereits ab einem Grad der Behinderung von 30 können Sie, allerdings nur auf Antrag bei der Arbeitsagentur, die Gleichstellung mit einem schwerbehinderten Menschen nach §2 Abs. 3 Sozialgesetzbuch IX (SGB IX) erhalten. Diesen Antrag müssen Sie aber sehr gut und sehr ausführlich begründen. Hier wird auch Ihr Arbeitgeber befragt werden.

Die Bearbeitung Ihres Antrags bei der Agentur für Arbeit dauert in der Regel mehrere Wochen. Der Kündigungsschutz besteht allerdings bereits ab der Antragstellung auf Gleichstellung mit einem schwerbehinderten Menschen.

Behinderte Menschen mit einem Grad der Behinderung von weniger als 50, aber mindestens 30 können unter bestimmten Voraussetzungen mit schwerbehinderten Menschen gleichgestellt sein. Gründe für eine Gleichstellung sind: wenn Sie ohne diese Gleichstellung mit einem schwerbehinderten Menschen keinen Arbeitsplatz finden oder Ihre bestehende Arbeitsstelle drohen zu verlieren. Deshalb verschweigen Sie in diesem Antrag auch auf keinen Fall, wenn Sie neben Ihren gesundheitlichen Beschwerden auch Problemen oder Konflikten wie Mobbing, chronische Arbeitsüberlastung etc. ausgesetzt sind. Ihre Chancen auf Gleichstellung verbessern sich in dem Fall noch.

Falls Sie in den letzten Jahren nennenswerte Fehlzeiten am Arbeitsplatz hatten wegen Ihrer Behinderung bzw. wegen Ihren Erkrankungen, kreuzen Sie mit ja an.

Sollte die Dauer Ihrer Arbeitsunfähigkeitszeiten in den vergangenen Jahren mindestens einige Wochen bis Monate ausmachen, lassen Sie sich bitte von Ihrer

Krankenkasse einen Ausdruck mit Ihren Ausfallzeiten für die letzten paar Jahre geben. Sobald Sie nämlich eine AU vom Arzt bekommen, geht nicht nur ein Abschnitt der AU an Ihren Arbeitgeber, sondern der Durchschlag an Ihre Krankenkasse. In diesem Ausdruck ist jede AU mit Dauer Ihrer Erkrankung sowie Diagnose aufgelistet. Sie müssen aber keine Bedenken haben, denn die Agentur für Arbeit gibt diese Daten nicht an Ihren Arbeitgeber weiter, sondern benötigt die Angaben zur Bearbeitung Ihres Antrags auf Gleichstellung mit einem Schwerbehinderten. Betonen Sie aber noch einmal ganz deutlich, am besten schriftlich im Antrag, dass Sie **nicht** wünschen, dass Ihr Arbeitgeber diese vertraulichen Infos über Ihre Krankheiten erhält.

- Dann wird gefragt, ob Sie sich in laufender ärztlicher Behandlung befinden und wenn ja warum.
- Am Ende müssen Sie noch angeben, ob Ihr Arbeitgeber Ihnen bereits mit einer Kündigung gedroht hat und in welcher Form (z.B. Abmahnung, Fehlzeitengespräche usw.).
- Dann können Sie noch sonstige Gründe für die Notwendigkeit der Gleichstellung angeben.

Gut ist es auch, wenn Sie ein separates Blatt mit Ihren Beschreibungen beilegen und Ihre Situation am Arbeitsplatz genau begründen: welche Auswirkungen/

Benachteiligungen haben Ihre Erkrankungen/ Behinderungen genau (z.B. Mobbing).

Noch ein wichtiger Hinweis:
Ihr Arbeitgeber, der Betriebs-/Personalrat und die Schwerbehindertenvertretung (falls Sie einen Grad der Behinderung haben) Ihres Betriebes werden vor einer Entscheidung über Ihren Antrag auf Gleichstellung von der Agentur für Arbeit ebenfalls schriftlich befragt werden.
Somit erfährt spätestens jetzt Ihr Arbeitgeber von Ihrem Antrag, was aber absolut nicht negativ für Sie sein muss. Denn bereits ab Antragstellung genießen Sie einen Kündigungsschutz, als wenn Sie bereits mit einem schwerbehinderten Menschen gleichgestellt wären.

Weitere Informationen zur Gleichstellung bzw. der Antragstellung bekommen Sie von der Bundesagentur für Arbeit. Sie werden oft bereits telefonisch ausführlich beraten. Wenn Sie dann einen Antrag auf Gleichstellung stellen möchten, bekommen Sie diesen auch per Post zugeschickt, wobei auch ein Infoblatt beiliegt.
Die Telefonnummer der Bundesagentur für Arbeit, wo Sie als Arbeitnehmer diesen Antrag anfordern können lautet: 0800 4 555520.
Auch im Internet können Sie sich ganz ausführlich über die Gleichstellung mit einem schwerbehinderten Menschen und deren Auswirkung auf den Arbeitsplatz informieren. Die Adresse hier lautet:
www.arbeitsagentur.de/gleichstellungsantrag

7

Viele „positive" Arztbefunde helfen Ihnen auch viel

Da ich persönlich einen guten, ausführlichen Arztbrief als eines der wichtigsten Kriterien im Antrag überhaupt ansehe, wiederhole ich in diesem Kapitel für diejenigen Leser, die meinen letzten Ratgeber „ Nicht lange fackeln – GdB und Schwerbehindertenausweis in einem Jahr" nicht gekauft haben, noch einmal die Dinge, auf die Sie unbedingt achten müssen.

Arztbriefe sammeln, aber nur die, die Ihnen wirklich nützlich sind!

Nützlich bedeutet für Sie und die angestrebte Erwerbsminderungsrente, dass der Arztbrief für genau Ihre Zwecke brauchbar sein muss!

Dies ist, wie ich meine, einer der wichtigsten Punkte überhaupt in meinem Ratgeber, da sehr viele Patienten zuerst einen Antrag auf Erwerbsminderung stellen, ohne ihre diversen Erkrankungen überhaupt nachweisen zu können. Damit liegt Ihre Chance gleich bei null!

Es ist von ganz enormer Wichtigkeit, dass Sie irgendwann, wenn Ihre Erkrankungen chronisch sind und Sie dadurch viele krankheitsbedingte Ausfälle am Arbeitsplatz haben, unbedingt anfangen müssen, ganz gezielt und systematisch Arztbriefe zu sammeln.

Legen Sie sich dazu einen eigenen Ordner an. Hegen und pflegen sie diesen Ordner und sammeln Sie viele positive Arztbriefe.

Erstellen Sie sich eine Liste mit allen(!!) Ihren Beschwerden, den physischen (körperlichen) genauso wie den psychischen! Vergessen Sie nichts!

Kaufen Sie sich ruhig einen dicken Leitzordner, denn erfahrungsgemäß werden im Laufe der Zeit immer mehr Arztbefunde und andere Atteste sowie Antragskopien und Bescheide dazukommen.

Sie werden eher nicht sofort einen GdB von 50 und damit verbunden den Schwerbehindertenstatus oder die Erwerbsminderungsrente erhalten. Es sei denn, Sie haben jetzt schon einen geringeren GdB, dann ist es natürlich machbar.

Aber wenn Sie noch über keinen GdB verfügen, müssen Sie erst einmal klein anfangen und im Idealfall jedes Jahr einen neuen Antrag wegen Verschlechterung Ihrer Erkrankungen stellen.

Vereinbaren Sie der Reihe nach Untersuchungstermine bei Ihrem Hausarzt, Fachärzten, Psychologen und/oder beim Psychiater; lassen Sie sich nicht zu knapp Rezepte über stärkere Schmerzmittel (wenn nötig), Antidepressiva (bei Bedarf) usw. sowie ärztliche Verordnungen für Massagen, Fango, Reizstrom (TENS), Krankengymnastik, Physiotherapie, bei Bedarf auch eine Psychotherapie, eine Reha/Kur usw. verschreiben.

Holen Sie sich von den diversen Fachärzten Überweisungen zu apparativen Untersuchungen wie Röntgen, CT, MRT, Sonographie etc. zur Abklärung Ihrer chronischen Beschwerden am Bewegungsapparat wie z.B. Arthrose, Fehlstellungen, Verengungen etc. sowie einer sonographischen Untersuchung/Ultraschall bei z.B. Nieren- oder Gallensteinen, Schilddrüsenerkrankung und vielen anderen Einschränkungen der inneren Organe.

Setzen Sie sozusagen alle Hebel in Bewegung!!!

Alles kommt in Ihren neuen Ordner und wird akribisch genau abgeheftet und gepflegt.

Beschönigen Sie bei den verschiedenen Ärzten absolut nichts! Klagen Sie alle Ihre Beschwerden, Sie dürfen auch gerne etwas übertreiben, humpeln/hinken schadet nicht, wenn Sie sowieso Probleme mit dem Rücken, den Knien, der Hüfte oder den Füßen in Form von Arthrose, Rheuma, Fibromyalgie, Senk-, Spreiz- und Plattfüßen, einem Hallux valgus etc. haben.

Und als Frau bitte nicht unbedingt vor dem Arztbesuch die Haare waschen oder Makeup auflegen, das wäre nicht sehr hilfreich. Das gilt auch für evtl. spätere Termine, wenn Versorgungsamt/Rentenversicherung/Kranken-kasse Sie zum Medizinischen Dienst bzw. zum Gutachter schicken (das kommt beim Antrag auf einen Grad der Behinderung eigentlich nie vor, beim Antrag auf Erwerbsminderungsrente jedoch fast immer).

Erscheinen Sie bitte nicht, auch wenn dies im Normalfall bei Ihnen üblich ist, im modischsten Outfit. Denn wem es gesundheitlich nicht gut geht, der hat erfahrungsgemäß auch keine große Lust oder Kraft mehr, sich optisch aufzubrezeln!

Das weiß natürlich auch Ihr behandelnder Arzt. Hier bitte sehr gut aufpassen und vorsichtig sein.

Und dass Sie einen Grad der Behinderung bzw. den Schwerbehindertenausweis oder die Erwerbsminderungsrente anstreben, würde ich bei Ihren behandelnden Ärzten erst einmal überhaupt noch nicht erwähnen. Das sagen Sie ihnen noch früh genug.

Eher, dass Sie den Arztbrief benötigen, weil Sie eine Rehabilitationsmaßnahme/Kur beantragen wollen (was ja auch stimmt), um Ihre Arbeitskraft zu erhalten bzw. wiederherzustellen. Das kommt bei den allermeisten Ärzten besser an und dabei werden sie Ihnen auch gerne behilflich sein. Ich kenne viele Ärzte, die gegenüber Patienten bereits voreingenommen sind, sobald sie Schwerbehindertenausweis oder Erwerbsminderungsrente hören. Da läuten bei denen dann regelrecht die Alarmglocken. Warum, verstehe ich zwar auch nicht, denn es tut dem Arzt ja nicht weh, Ihnen zu helfen. Ich kannte mal einen Arzt, einen Orthopäden, um genau zu sein. Der sagte mir doch tatsächlich in einem offenen privaten Gespräch, dass so viele seiner Patienten nur kämen, weil sie den Schwerbehindertenausweis haben wollen. Dazu meinte er, er hätte selbst Kniebeschwerden und besitzt auch keinen Ausweis. Solch ein Arzt wird Ihnen nicht sehr behilflich dabei sein, einen zeitlich aufwendigen und aussagekräftigen Arztbefund zu schreiben.

Sollten Sie merken, dass er Ihnen nicht helfen will, wechseln Sie einfach den Arzt.

Wenn Sie gleich mit der Tür ins Haus fallen und das Wort Schwerbehinderung oder Rente erwähnen, wären Ihre angegebenen Beschwerden wahrscheinlich für diesen Arzt nicht mehr sehr glaubwürdig.

Und der Arztbrief soll ja ausführlich und detailliert sein, damit Sie möglichst bald an Ihr Ziel kommen. Also bitte nicht vergessen!!!

Deshalb bitte merken: Ein schlechter Arztbefund schadet Ihnen mehr als gar keiner! Sammeln Sie so viele „positive, brauchbare" Arztbefunde wie möglich und wie Sie von den verschiedenen Ärzten/ Fachärzten/Kliniken/Reha-Einrichtungen/ Therapeuten bekommen können.

Arztbriefe, die für Sie eher negativ wären, weil sie oberflächlich und nicht ausführlich gehalten sind, weil die Prognose zu gut ist oder weil falsche Diagnosen angegeben wurden, können Sie getrost aussortieren, weil die Ihnen eher schaden als nutzen. Solche Ärzte brauchen Sie auch in keinem Ihrer Anträge zu erwähnen, weil sonst ein für Sie unbrauchbarer und sogar nachteiliger Arztbericht angefordert werden würde und bei irgendeinem Amt landet.

Wenn Sie einen Arzttermin hinter sich gebracht haben, erwähnen Sie bitte noch beim Arzt im Untersuchungszimmer und zur Sicherheit nochmals bei seiner Arzthelferin (jetzt Medizinische Fachangestellte), dass Sie auch noch zu anderen Fachärzten gehen werden, um Ihre Beschwerden abzuklären. Verlangen Sie immer(!!) einen ausführlichen Arztbrief, der alle relevanten Diagnosen, Ihre gesamten Beschwerden, Ihre daraus resultierenden täglichen Beeinträchtigungen sowie die verordneten Medikamente und verschriebenen Anwendungen beinhalten sollte. Bitten Sie darum, dass auch Ihnen dieser Arztbrief in Kopie zugeschickt wird. Die Praxis soll das bitte in der Krankenakte vermerken. Darauf haben Sie ein Recht. Lassen Sie sich nicht abwimmeln, dass Ihr Hausarzt einen Befundbericht bekommt. Sie können auch bei jedem Arzt immer wieder neu entscheiden, welcher Ihrer behandelnden Ärzte einen Arztbrief erhalten soll. Wenn Sie es nicht wünschen, bekommt nicht einmal Ihr Hausarzt einen Arztbefund.

Fragen Sie am besten noch in der Praxis, wann Sie mit dem Befund rechnen dürfen. Warten Sie 1-2 Wochen und rufen Sie dann erneut in der Arztpraxis an, um daran zu erinnern, dass Sie den Arztbrief benötigen, weil Sie noch zu weiteren Fachärzten gehen müssen. Kontrollieren Sie, sobald Sie diesen Befund in Händen haben, ob auch exakt alles, was für Sie relevant ist und was Sie mit dem Arzt besprochen hatten, ausführlich drin steht.

Machen Sie sich dazu direkt nach **jedem** Arztbesuch Gesprächsnotizen und vergleichen Sie dann diese Punkte genau mit dem Befund. Sollte der Arzt etwas vergessen oder falsch wiedergegeben haben, scheuen Sie sich bitte nicht, sofort in der Praxis anzurufen und dies zu monieren. Bitten Sie höflich um Korrektur und erklären Sie falls nötig nochmals, dass es für Ihren Antrag auf eine Reha dringend notwendig ist, dass Sie einen ausführlichen Arztbrief einreichen, der alle Ihre Beschwerden sowie die Prognose des Arztes beinhaltet.

Auch wenn kein Arzt es seinem Patienten freiwillig anbietet: Sie haben natürlich auch das Recht auf Akteneinsicht in Ihre eigene Krankenakte, die der Arzt für Sie angelegt hat und in die er nach jedem Besuch Ihre Beschwerden/Erkrankungen sowie seine persönliche Einschätzung einträgt. Ebenso haben Sie ein Anrecht auf Kopien Ihrer Arztbefunde und Labordaten, die zwar kostenpflichtig, aber nicht teuer sein dürfen (übliche Kopierkosten).

Und bitte immer daran denken, je mehr Arztbriefe von vielen verschiedenen Ärzten/Fachärzten/Kliniken Sie haben, desto besser und glaubwürdiger!

Denn wenn Sie z.B. nur von Ihrem eigenen Hausarzt positive Arztbefunde haben, könnte man vielleicht davon ausgehen, dass er Ihnen einfach gefällig sein wollte oder Sie ihn persönlich kennen.

Worauf kommt es im „guten Arztbrief" an?

Was sollte drin stehen und was besser nicht?

Wie ich Ihnen bereits im letzten Kapitel geraten habe, prüfen Sie bitte immer ganz genau, wenn Sie einen Arztbrief bekommen, ob der Inhalt der Wahrheit und Ihren Angaben an den Arzt entspricht. Prüfen Sie Wort für Wort genau:

- Sind wirklich all Ihre geklagten Beschwerden/Krankheiten/Schmerzen/ physischen und psychischen Beeinträchtigungen ausführlich aufgezählt?
- Sind auch alle verschriebenen Medikamente, Verordnungen wie Krankengymnastik, Massagen, Physiotherapie; Überweisungen zu anderen Fachärzten und Spezialuntersuchungen erwähnt?
- Stimmen die angegebenen Behandlungszeiträume, in denen Sie bei den angegebenen Ärzten in Behandlung waren? (Immer auch nochmal selbst notieren!)
- Wichtig sind die Diagnosen – stehen die alle ausführlich am Anfang des Arztbriefes unter Diagnosen aufgezählt? Wenn der Arzt etwas festgestellt hat, sollte nicht nur „Verdacht auf ...." da stehen. Denn dann ist die Krankheit noch nicht erwiesen. Stimmt die Zukunftsprognose?

Die sollte im für Sie günstigsten Fall schlecht sein, denn ansonsten bekommen Sie die Anerkennung auf eine Schwerbehinderung bzw. die Erwerbsminderungsrente wenn überhaupt nur befristet zuerkannt.

Manche Ärzte neigen in ihren Befundberichten dazu, wichtige Details wegzulassen, sei es aus Zeitmangel, Bequemlichkeit oder einfach Desinteresse.

Der Arzt bekommt ja für den normalen Arztbrief kein Geld extra, deshalb kann es immer von Vorteil sein, wenn Sie ihm als Dankeschön für seine freundlichen Bemühungen zwischendurch mal ein kleines Präsent mitbringen. Ich kenne keinen Arzt, der sich nicht darüber freuen würde.

Viele Ärzte mögen es auch, einfach weil es ihnen ihre Arbeit sehr erleichtert und enorm Zeit spart, wenn Sie bereits zu Hause selbst schon eine ausführliche Auflistung mit ihren Beschwerden und ganz wichtig auch den daraus resultierenden täglichen Beeinträchtigungen vorbereiten.

Diese Angaben bespricht er dann mit Ihnen und braucht sie nur noch in seinen Arztbrief zu übernehmen. Sagen Sie ihm einfach, dass Sie ihm damit etwas seine Arbeit erleichtern wollen, er Sie aber gerne anrufen kann, falls er noch Rückfragen hat oder etwas unklar sein sollte.

Ein kleiner, aber enorm wertvoller und zeitsparender Tipp:

Sie haben schon länger, vielleicht bereits seit vielen Jahren, den Verdacht auf eine bestimmte Erkrankung wie z.B. Arthrose in irgendeinem Gelenk, Gicht, Arthritis, Tinnitus, Restless-Legs-Syndrom, Fibromyalgie, Depression oder Angst- und Zwangsstörung etc.

Sie haben dies auch mit Sicherheit bereits früher einmal Ihrem behandelnden Arzt mitgeteilt. Das Problem hierbei könnte sein: der Arzt hat sich zwar alles angehört, aber Ihre Erkrankung nicht als Diagnose in die Krankenakte eingetragen. Da diese Erkrankung dann aber noch nicht offiziell bei Ihnen diagnostiziert wurde und somit noch nicht aktenkundig ist, zählt sie auch nicht und darf demzufolge leider nicht berücksichtigt werden.

Hier könnte Ihnen folgendes Vorgehen helfen:

Sie erwähnen jetzt bei Ihrem aktuellen Arzt, dass ein früherer Arzt bereits schon einmal eine gewisse Erkrankung bei Ihnen „im Verdacht gehabt hatte" (geben Sie auch das Jahr an, seitdem Sie die Beschwerden haben).

Fragen Sie den Arzt, was er dazu meint und ob er dies auch so bestätigen könne.

Er wird, wenn Ihre schon länger bestehenden Beschwerden zu Ihrem Krankheitsbild passen und er es verantworten kann, diese Information wahrscheinlich gerne in seine eigenen Aufzeichnungen übernehmen, im Glücksfall sogar als Befund in seinen Arztbrief schreiben und Sie haben die Diagnose schwarz auf weiß vorliegen und nur darauf kommt es letztendlich für Sie an.

Sie sollen natürlich auf keinen Fall den Vorsatz haben, falsche Diagnosen und Krankheiten anzugeben. Also geben Sie bitte nur die Erkrankungen an, die Sie auch wirklich haben. Falls Sie einen Grad der Behinderung anstreben, müssen Ihre Erkrankungen vom Arzt diagnostiziert sein und seit mindestens 6 Monaten bestehen.

Je genauer Sie Ihre Beschwerden und die damit verbundenen Auswirkungen und Leiden auf Ihr tägliches Leben aufzählen, desto besser!

Das kann und soll auch ruhig einige Seiten lang sein. Scheuen Sie sich auch auf keinen Fall, vom Arzt einen neuen korrigierten Arztbrief zu verlangen, wenn etwas fehlen sollte oder Ihre Beschwerden verharmlost werden.

Hier einige Beispiele, um Ihnen zu verdeutlichen, wie enorm wichtig es ist genau aufzuzählen, wie sich Ihre Beeinträchtigungen auf Ihr tägliches Leben auswirken können.

Wenn Sie beispielsweise Arthrose in den Fingern/Hand haben, haben Sie wahrscheinlich auch große Probleme, am PC zu tippen, mit der Hand zu schreiben, einen Wasserhahn und eine Flasche aufzudrehen, eine Tube auszudrücken, Knöpfe, einen BH oder einen Reißverschluss an Ihrer Kleidung zu öffnen und zu schließen; der Gürtel oder die Schnürsenkel an den Schuhen werden Ihnen Probleme bereiten.

Im Haushalt sind Sie vielleicht nicht mehr fähig zum Kartoffel-/Gemüseschälen, zum Dosenöffnen, zum Türe aufschließen (den Schlüssel umdrehen) oder zum Fensterputzen. Sie können vielleicht den Föhn nicht mehr sicher in der Hand halten oder das Geschirr abtrocknen. Oder es fällt Ihnen etwas aus den Händen beim Einräumen in den Schrank. Selbst das Autofahren könnte Ihnen Probleme bereiten (Lenkrad halten).

Das sind nur einige Auswirkungen von einer Arthrose-Erkrankung bzw. Rheuma (Arthritis) der Finger und des Handgelenkes. Dazu kommen oft dauerhafte Schmerzen und eine fortschreitende Steifheit dazu.

Die Feinmotorik funktioniert nicht mehr und auch die Kraft lässt nach.

Sie sehen, wie ausführlich eine Beschreibung aussehen sollte, um z.B. dem Versorgungsamt bzw. dem Rentenversicherungsträger plausibel näherzubringen, warum Sie einen Grad der Behinderung, den Schwerbehindertenstatus bzw. die Erwerbs-minderungsrente beantragen.

Wenn Sie unter chronischen Rücken-, Knie- oder Hüftschmerzen leiden, sind Sie vielleicht auch nicht mehr in der Lage, Rad zu fahren oder zu Fuß zum Einkaufen zu gehen.

Auch kurze Spaziergänge sind Ihnen vielleicht schon zu anstrengend oder gar unmöglich.

Wenn Sie chronische Kopfschmerzen/Migräne haben, werden Sie mit Sicherheit vielleicht auch unter Schwindelattacken und/oder Übelkeit/Erbrechen leiden, was es Ihnen schwer bis unmöglich macht, zur Arbeit zu gehen oder am täglichen Leben außerhalb des eigenen Hauses teilzunehmen. Dies alles sind erhebliche Einschränkungen, unter denen Sie leiden können und die mit einem GdB gewürdigt werden.

Noch schlimmer wäre es, wenn Sie unter Angst- und Panikattacken oder einer Zwangsstörung leiden würden.

Bei diesen Erkrankungen ist es den Patienten meistens überhaupt nicht mehr möglich, das Haus zu verlassen oder soziale Kontakte und Freundschaften zu pflegen.

Wenn Sie bei einer Zwangsstörung stundenlang nachprüfen müssen, ob auch wirklich alle Türen und Fenster zu Hause abgeschlossen und der Herd, Bügeleisen und andere Elektrogeräte ausgeschaltet sind, dann sind Sie psychisch gar nicht mehr in der Lage, in die Arbeit zu fahren.

Viele Patienten kehren auch mitten auf dem Weg zur Arbeit wieder um, weil sie nicht mehr wissen, ob auch alles abgeschlossen und ausgeschaltet ist.

Wenn Sie unter einem Restless-Legs-Syndrom (Kribbeln in den Beinen), chronischen Schmerzen oder an einer Depression etc. leiden, grübeln Sie vielleicht stundenlang in der Nacht, können nicht schlafen vor Schmerzen und sind am Tag so übermüdet, dass Sie eigentlich zu nichts mehr zu gebrauchen sind.

Arbeiten und Auto fahren kann man jedenfalls in solch einem Zustand nicht mehr und sollte es auch nicht.

Es gibt leider nicht wenig Ärzte, die absolut unbrauchbare Arztbriefe hervorbringen, sei es, dass sie Ihre Beschwerden verharmlosen, nur ganz wenig schreiben oder Ihnen eine zu günstige Prognose für Ihre Krankheiten/Beschwerden geben.

Sie merken irgendwann auch selbst, wenn Sie bei einem Arzt einen Untersuchungstermin haben, ob er Ihnen und Ihren Plänen positiv gegenübersteht oder nicht. Solch einen für Sie eher nachteiligen Arztbefund können Sie eigentlich nur zerreißen und zum nächsten Arzt gehen. Dort erwähnen Sie aber bitte nicht den Besuch bei dem vorherigen unkooperativen Kollegen, da ansonsten gleich der Befund von dort angefordert werden würde. Der neue Arzt wäre in diesem Fall bereits voreingenommen Ihnen gegenüber.

Sie streben eine Reha an, um Ihre Arbeitsfähigkeit zu erhalten!

Das hören alle Ärzte gerne. Sammeln Sie also immer fleißig Ihre diversen Arztbriefe wie kleine Schätze sauber und ordentlich in Ihrem Ordner.

Es reicht leider nicht aus, wenn Sie nur einige wenige Arztbriefe vorweisen. Auch für das Versorgungsamt oder die Rentenversicherung wäre es wenig glaubhaft. Denn wenn Sie schon länger chronisch krank sind, müssen Sie wirklich in regelmäßigen Abständen (**jedes Quartal!!**) immer wieder zu Ihren verschiedenen Ärzten gehen und Ihre Schmerzen und Beschwerden klagen und vor allem immer wieder betonen, dass Ihre Beschwerden nicht besser, sondern eher schlechter geworden sind und vielleicht sogar noch neue dazu kamen (natürlich nur wenn es auch stimmt).

Selbst wenn es Ihnen zwischendurch mal kurzzeitig besser gehen sollte, beim Arzt sollten Sie immer jammern.

Lassen Sie sich regelmäßig Rezepte, Verordnungen wie Massagen, Physiotherapie, Krankengymnastik, Fango, Reizstrom (TENS) usw. verschreiben und gehen da auch bitte hin.

Die Verordnungen, bevor Sie diese abgeben, bitte immer für Ihre eigenen Unterlagen kopieren und im Ordner abheften. Die benötigen Sie später (in Kopieform), wenn Sie Ihren Rentenantrag stellen.

Eventuell müssen und sollten Sie auch mal eine Reha-Maßnahme antreten (3-4 Wochen), die spätestens dann wichtig wird, wenn Sie vorhaben, neben dem Antrag auf einen Grad der Behinderung auch noch die Erwerbsminderungsrente zu beantragen.

Übrigens können Sie eine Rehabilitationsmaßnahme auf eigenen Wunsch selbstverständlich immer auch ambulant und in Wohnortnähe durchführen.

Das heißt, Sie gehen an 5 Tagen von Montag bis Freitag jeweils morgens in die Rehaklinik und fahren nachmittags wieder nach Hause.

Die Fahrtkosten (PKW oder öffentliche Verkehrsmittel) sowie das Mittagessen werden Ihnen vom Rentenversicherungsträger (wenn Sie berufstätig sind) bzw. von Ihrer Krankenkasse (wenn Sie nicht arbeiten) zuverlässig erstattet.

In unserem Fall soll das Versorgungsamt bzw. der Rentenversicherungsträger sehen, dass Ihre Krankheiten/Beschwerden, obwohl Sie alles machbare versucht haben, nicht besser wurden, sondern sich sogar verschlechterten (wenn es so ist).

Die Prognose sollte nicht positiv sein, denn sonst erhalten Sie den Grad der Behinderung oder die Erwerbsminderungsrente mit großer Sicherheit, wenn überhaupt nur befristet. Und das sollte nicht Ihr Ziel sein.

Sie sind also in der Reha, genießen die Anwendungen wie Schwimmen, Gymnastik, Geräte, Gespräche, die Ruhe, das gute Essen und die Entspannung.

Das soll auch so sein. Das haben Sie sich verdient und das tut Ihnen gut. Ungefähr nach 1-2 Wochen finden **immer** ein Gespräch und eine Zwischenuntersuchung in der Rehaklinik beim Facharzt statt (Procedere siehe Kapitel 9).

8

Gesundheitlich angeschlagen – reicht das schon für die Erwerbsminderungsrente?

Schon deshalb ist es sehr vorteilhaft für Ihr Vorhaben, wenn Sie vor dem Rentenantrag einen Grad der Behinderung, am besten natürlich den Schwerbehindertenstatus, vorweisen können. Denn so sind Ihre meist chronischen Erkrankungen bereits erfasst und somit glaubwürdig.

Geprüft wird zunächst, ob die Arbeitsfähigkeit des Antragstellers durch medizinische oder berufliche Reha-Maßnahmen doch wieder ganz oder teilweise wiederhergestellt werden kann. Diesen Grundsatz nennt man „Reha vor Rente". Die Überprüfung erfolgt durch den Rentenversicherungsträger. Ist es nicht möglich, durch eine Rehabilitationsmaßname die Arbeitsfähigkeit wiederherzustellen, wird geprüft, in welchem zeitlichen Umfang der Antragsteller noch arbeiten kann. Davon ausgehend wird dann festgestellt, ob eine Rente wegen voller oder wegen teilweiser Erwerbsminderung in Frage kommt.

Für einen Grad der Behinderung müssen Ihre Erkrankungen/Beschwerden bereits länger als 6 Monate bestehen, was die wichtigste Voraussetzung für den Antrag ist.

Wenn Sie trotz chronischer gesundheitlicher Beschwerden noch keine Arztbefunde haben, Ihre Erkrankungen bei den Ärzten aber schon lange bekannt sind, können Sie diese Ärzte nachträglich bitten, Ihnen ausführliche Arztbriefe (möglichst mit Diagnosen) zu schreiben. Darauf sollten Sie bestehen. Geben Sie als Erklärung Ihren behandelnden Ärzten an, dass Sie die Befunde für einen dringend benötigten Reha-Antrag etc. brauchen.

Sollten Ihre Erkrankungen noch nicht bei Ihren Ärzten dokumentiert sein und Sie demzufolge auch noch keine Arztberichte in Händen haben, müssen Sie **sofort** beginnen, ganz fleißig möglichst viele Arztbriefe zu sammeln. Das dauert dann etwas länger, wird sich aber auf jeden Fall für Sie auszahlen.

Einen Antrag auf Erteilung eines Grades der Behinderung ohne fremde Hilfe zu stellen, ist selbst für Sie als Laien einfach und machbar. Ich gebe Ihnen in diesem Buch zwar auch einige wichtige Tipps dazu, aber ausführliche Informationen zur Vorbereitung und fundierte Ratschläge, Musterbriefe usw. finden Sie bei Interesse in meinem Ratgeber „Nicht lange fackeln – GdB und Schwerbehindertenausweis in einem Jahr". Ich bitte hierfür um Ihr Verständnis.

9

Rehabilitation vor dem Rentenantrag ist enorm wichtig

Wenn Sie ernsthaft vorhaben, einen Antrag auf Erwerbsminderungsrente zu stellen, kann ich Ihnen nur empfehlen, neben regelmäßigen Arztbesuchen auch frühzeitig 1-2 Rehabilitationsmaßnahmen einzuplanen. Sie müssen nicht unbedingt eine stationäre Reha machen. Das schreckt viele Betroffene ab, weil sie 3-4 Wochen von ihrem gewohnten Umfeld und der Familie getrennt wären. Auch bedarf es hier einer guten Planung, wenn ein berufstätiger Partner, minderjährige Kinder oder auch Haustiere im Haushalt zu versorgen wären. Oder Sie sind alleinerziehend. Hier haben Sie in den allermeisten Fällen die Wahl zwischen einer stationären oder einer ambulanten Reha. Sie dürfen sogar eine Einrichtung in Wohnortnähe aussuchen, wenn diese für Ihre Erkrankungen geeignet wäre und mit der gesetzlichen Rentenversicherung zusammen arbeitet.

Das heißt, Sie gehen an 5 Tagen in der Woche von Montag bis Freitag jeweils morgens in die Rehaklinik und fahren nachmittags wieder nach Hause. Die Fahrtkosten sowie das Mittagessen werden Ihnen vom Rentenversicherungsträger (wenn Sie berufstätig sind) bzw. von Ihrer Krankenkasse (wenn Sie nicht arbeiten) nach Beendigung der Reha auf schriftlichen Antrag erstattet werden (deshalb bitte alle Fahrkarten etc. aufhalten).

Der Rentenversicherungsträger soll sehen, dass Ihre Beschwerden/Krankheiten, obwohl Sie alles Machbare versucht haben, nicht besser wurden, sondern sich sogar verschlechterten (wenn es so ist). Die Prognose sollte nicht positiv sein, denn sonst wären Sie ja in absehbarer Zeit wieder arbeitsfähig. Und das sollte nicht Ihr Ziel sein.

Anders sieht es aus, wenn Sie bereits einen Grad der Behinderung bzw. die Anerkennung als Schwerbehinderter haben. Im Laufe des Antragverfahrens beim Versorgungsamt mussten Sie bereits viele Arztbefunde beibringen und haben oft auch schon eine Reha absolviert. Wenn dies zeitlich noch nicht so lange her ist bis zur Antragstellung der Erwerbsminderungsrente, haben Sie Glück gehabt und zwei Fliegen mit einer Klappe geschlagen. In den meisten Fällen akzeptiert die Rentenversicherung nämlich diese Rehabilitationsmaßnahme.

Sollten Sie noch keine Reha gemacht haben, müssen Sie diese am besten bei Ihrem behandelnden Hausarzt oder Facharzt, der Ihre Erkrankungen und Beschwerden am besten kennt, schnellstmöglich beantragen.

Idealerweise haben Sie schon viele Arztbriefe mit brauchbaren Diagnosen sowie Röntgen- und Laborbefunde vorliegen. Es wurden CT, MRT, EKG, EEG etc. gemacht und Sie haben Massagen und physikalische Therapiemaßnahmen verschrieben bekommen.

Wenn Sie noch im Arbeitsleben stehen, wird der Rentenversicherungsträger in aller Regel Ihrem Antrag auf Rehabilitation stattgeben. Sollte dies bei Ihnen nicht der Fall sein und Sie im ersten Anlauf einen ablehnenden Bescheid erhalten, legen Sie sofort Widerspruch ein. Musterbrief dazu in Kapitel 10.
Wird Ihr Antrag genehmigt, ist erst einmal eine große Hürde geschafft. Dem Rentenversicherungsträger ist ja sehr daran gelegen, dass Sie wieder gesund werden und vor allem arbeitsfähig. Das Ziel ist, dass Sie noch möglichst lange arbeiten können und so spät wie möglich in Rente gehen. Alles andere kostet die Rentenversicherung viel Geld, was es zu verhindern gilt.

Sie sind also in der Reha, genießen Anwendungen wie Schwimmen, Gymnastik, Geräte, Gespräche, die Ruhe, das gute Essen und die Entspannung. Vielleicht kommen Sie auch mit anderen Patienten in persönlichen Kontakt und tauschen Erfahrungen untereinander aus. Das kann nie schaden. Fragen Sie ruhig nach empfehlenswerten Ärzten, die Ihnen vielleicht auch behilflich sein könnten.

Ungefähr nach 1-2 Wochen finden immer ein Gespräch und eine körperliche Zwischenuntersuchung in der Rehaklinik beim Facharzt statt.
Für die Leser, die meinen Ratgeber „Nicht lange fackeln – GdB und Schwerbehindertenausweis in einem Jahr"

nicht haben, wiederhole ich das Wichtigste hier noch einmal, einfach weil es enorm wichtig für den Erfolg Ihres Antrags ist.

Jetzt müssen Sie aber sehr vorsichtig sein und extrem aufpassen!!

Sie werden bereits, noch bevor der Klinikarzt Sie begrüßt hat, anhand Ihrer Erscheinung, Ihres Gangbildes und des Allgemeinzustandes vom ihm begutachtet werden. Mancher Arzt steht sogar im Flur vor dem Untersuchungszimmer, nur um zu sehen, wie gut Sie zu Fuß sind. Das wird auch genauso in seinem Zwischenbericht stehen. Dann befragt er Sie ganz nebenbei, wie es Ihnen so geht, ob sich Ihre Beschwerden seit den Anwendungen in der Reha etwas gebessert haben und ob Sie alle verordneten Kurse/Übungen mitmachen können. Auch wird er Sie untersuchen, z.B. mit Übungen, wie beweglich Sie aktuell sind und ob die Bewegungen schmerzhaft sind. Wenn Sie beispielsweise unter chronischen Rücken-, Knieproblemen oder anderen orthopädischen Beschwerden leiden und jetzt auf einmal beweglich sind und keine Schmerzen signalisieren, wäre das für Ihre Zwecke ganz kontraproduktiv.

Sollte Ihnen solch ein Fehler tatsächlich passieren, versuchen Sie das bitte bei der Abschlussuntersuchung kurz vor Ende der Reha wieder auszubügeln.

Eine solche Reha-Maßnahme kann natürlich, gerade wenn Sie unter chronischen Schmerzen des Bewegungsapparates leiden, erfahrungsgemäß kurzzeitig Besserung und auch Schmerzfreiheit bringen. Meistens verschlechtert sich der Zustand aber nach der Kur ganz schnell wieder. Dann ist die Reha aber für Sie gelaufen.

Also, wenn Sie den Schwerbehindertenausweis/die Erwerbsminderungsrente vorhaben zu beantragen und diese 3-4 Wochen nicht umsonst gewesen sein sollen, jammern Sie am besten schon bei der Zwischenuntersuchung und dann wieder bei der Abschlussuntersuchung, dass Ihnen alles weh tut, sie anstrengt und Sie keine Besserung Ihrer Beschwerden feststellen können. Und denken Sie daran, wenn Sie schon Schmerzen haben und zum Kurarzt gehen, dann hinken Sie vielleicht besser und bei der Untersuchung stöhnen Sie, weil es Ihnen vielleicht weh tut, wenn der Arzt Ihre Gliedmaßen bewegt. Sie sollen nicht lügen, aber eine kurzzeitige Besserung auch nicht zu euphorisch sehen. Auch sollen Sie keinesfalls die Zähne vor Schmerzen zusammenbeißen oder gar Schmerztabletten einnehmen, um dem Arzt zu zeigen, dass es Ihnen besser geht. Ich glaube, Sie wissen jetzt selbst, worauf es ankommt. Sagen Sie, wenn es so ist, dem behandelnden Arzt auch ruhig, Sie hätten große Bedenken, dass Sie Ihr Arbeitspensum und die täglichen Belastungen am Arbeitsplatz nicht mehr schaffen werden. Wenn es psychische Probleme gibt oder Sie am

Arbeitsplatz unter einer Mobbingsituation zu leiden haben, auf keinen Fall verschweigen. Stellen Sie sich etwas naiv und fragen Sie den Arzt auch ruhig, was mit Ihnen am Arbeitsplatz passieren wird, wenn Sie auch in Zukunft weiterhin viele Arbeitsausfälle haben werden und Ihre Leistung nicht stimmt. Erwähnen Sie auch, dass Sie Angst vor Kündigung Ihres Arbeitsverhältnisses haben. Wenn der Arzt nicht ganz desinteressiert ist, wird er Ihnen jetzt vielleicht sagen, dass es auch noch die Möglichkeit einer Erwerbsminderungsrente gibt. Das schnappen Sie natürlich interessiert auf und bitten ihn, dass er dies als Empfehlung auch in seinen Abschlussbericht an die Rentenversicherung schreiben möchte.

Er soll bitte auch erwähnen, dass Sie im besten Fall gar nicht mehr arbeitsfähig (unter 3 Stunden täglich) sein werden und er deshalb für Sie die volle Erwerbsminderungsrente befürwortet. Dies wäre sehr gut für Sie.
Ist er der Meinung, dass für Sie nur eine teilweise Erwerbsminderungsrente in Frage käme, ist auch das besser als nichts.
Wenn er auf der Leitung sitzt und die Möglichkeit einer Erwerbsminderungsrente für Sie trotz Ihrer geklagten Verschlechterung nicht anspricht, sprechen Sie das Thema ruhig von selbst an. Sie könnten beispielsweise erwähnen, dass sie ja schon seit langem erhebliche krankheitsbedingte Fehlzeiten am Arbeitsplatz hätten und der Betriebsarzt und/oder der

Schwerbehindertenvertreter Ihrer Firma Sie deshalb auch schon auf die Möglichkeit der Erwerbsminderungsrente aufmerksam machten. Diesen Hinweis sollte er dann nicht mehr ignorieren.

Erwähnen Sie bei der Abschlussuntersuchung, dass Sie für Ihre persönlichen Unterlagen eine Kopie des Arztbefundes haben möchten.

Ansonsten schickt die Rehaklinik diesen Abschlussbericht nur an den Rentenversicherungsträger, der diese Maßnahme auch bezahlt hat und der natürlich hofft, dass sich Ihr Gesundheitszustand gebessert hat, damit Sie wieder arbeitsfähig sind. Die Rentenversicherung hat natürlich ein berechtigtes Interesse daran, dass Sie noch möglichst lange arbeiten gehen und in die Rentenkasse einzahlen können.

Wenn also dieser Arztbericht von der Rehaklinik so ausfällt, dass die Prognose für Ihre Gesundheit gut ist, werden Sie diesen Bericht weder für Ihren Antrag auf Erteilung eines Grades der Behinderung verwenden können noch wird er Ihnen bei der Erwerbsminderungsrente helfen.

Sollte also der Reha-Abschlussbefund negativ für Sie sein, könnten Sie noch versuchen, eine zusätzliche Reha wegen evtl. vorliegender psychischer Probleme verordnet zu bekommen. Diese müsste die Rentenversicherung ebenfalls genehmigen und Ihr Rentenantrag würde sich dadurch verzögern.

Aber auch eine vom Hausarzt/Neurologen/Nervenarzt verschriebene Psychotherapie/ Gesprächstherapie bei einem niedergelassenen Psychiater könnte Ihnen hier noch helfen.

Wenn Sie den Entlassungsbrief der Rehaklinik in Händen haben, kontrollieren Sie diesen bitte ganz genau! Wenn auch nur etwas fehlt oder falsch wiedergegeben wurde, reklamieren Sie sofort und verlangen einen neuen korrigierten Bericht. Dieser muss natürlich auch erneut an die Rentenversicherung geschickt werden. Das sollten Sie unbedingt kontrollieren! Schicken Sie sicherheitshalber auch eine Kopie des neuen Abschlussberichtes selbst an die Rentenversicherung mit der Begründung, dass der vorherige Befund unvollständig war

Da Sie den Antrag auf Erwerbsminderungsrente auch bei Ihrer Rentenversicherung stellen müssen, sehen Sie, wie enorm wichtig es ist, dass diese Stelle keinen für Ihre Zwecke nachteiligen Abschlussbericht bekommt.

Wichtig zu wissen:

Die Reha-Einrichtung, in der Sie Ihre 3-4 wöchige Kur (ambulant oder stationär) absolviert haben, wird Ihnen im Anschluss gerne noch das IRENA-Programm ans Herz legen. Dabei handelt es sich um eine intensivierte Rehabilitationsnachsorgeleistung für den Zeitraum von 8 Wochen, für die Indikationen neurologische und psychische Erkrankungen bis zu 12 Wochen. Dieses

Angebot, welches von der BfA komplett übernommen wird, können Sie an bis zu drei Tagen pro Woche mit einer Zeitdauer von 90-120 Minuten in Anspruch nehmen. Das heißt, Sie können selbst entscheiden anhand Ihrer gesundheitlichen Lage, wie oft und wie lange Sie kommen wollen. Diese Nachsorge findet meistens in der gleichen Reha-Einrichtung statt, in der Sie zuvor waren. Sie gehen hin, machen Ihre Übungen an den Geräten oder was sonst noch angeboten wird und ganz wichtig, unterschreiben Sie am Ende auf einer für Sie angelegten Karte nach jedem Besuch Ihre Anwesenheit. Diese Anwesenheitsbestätigung erhält am Ende der Maßnahme der Rentenversicherungsträger.

Sie erhalten natürlich die Fahrtkosten erstattet und zwar nicht nach tatsächlichem Aufwand, sondern pro Behandlungstag pauschal BfA € 5.- und LVA € 4,60.-

Die Auszahlung erfolgt direkt in der IRENA-Einrichtung (Verwaltungsbereich).

Während der ambulanten Nachsorge ist von Ihnen keine Zuzahlung zu leisten.

Das Ziel der empfohlenen IRENA besteht zum einen darin, neben Ihrem Alltag und der beruflichen Tätigkeit den Rehabilitationsprozess zur Sicherung des Rehabilitationszieles fortzusetzen und zum anderen in der Festigung der bereits während der Rehabilitation erreichten Rehabilitationsergebnisse.

Zielgruppe des Nachsorgeprogrammes IRENA

In das IRENA-Programm können Versicherte der BfA und LVA, die zuvor eine stationäre oder ambulante Leistung zur medizinischen Rehabilitation zu Lasten der BfA oder LVA in Anspruch genommen haben und noch im Erwerbsleben stehen.

Vom Nachsorgeprogramm ausgeschlossen sind Versicherte, wenn

- Sie einen Rehabilitationsbescheid (Bewilligung) von der BfA oder LVA im Auftrag der Krankenkassen erhalten haben
- Die unter drei Stunden erwerbsfähig entlassen wurden.
- Erwerbsminderungsrentenempfänger sind bzw. einen Antrag auf Rente wegen verminderter Erwerbsfähigkeit gestellt haben/oder
- Das 60. Lebensjahr vollendet haben und das Leistungsvermögen vollständig aufgehoben ist.

Die therapeutischen Leistungen werden von der empfehlenden Rehabilitationseinrichtung individuell und variabel als Leistungspaket zusammengestellt. Alle Leistungen werden in Gruppen angeboten. Es gibt ausgenommen für den Bereich der psychischen Erkrankungen (max. zwei Einzelgespräche) keine Einzelleistung. Sie können aber allein nach Einweisung an Fitnessgeräten (z.B. Crosstrainer, Ergo, Laufband etc.) trainieren.

Das IRENA-Programm soll möglichst nahtlos im Anschluss an die abgeschlossene Rehabilitationsleistung beginnen, spätestens aber drei Monate nach Beendigung der Leistung aufgenommen sein. Danach erlischt die Kostenzusage. Die Häufigkeit, Dauer und tageszeitliche Organisation richten sich nach der Indikation und Ihrer individuellen Situation (z. B. Belastbarkeit, Berufstätigkeit).

Ein wichtiger Hinweis:
Eine bestehende Arbeitsunfähigkeit oder eine vorgesehene berufliche Wiedereingliederung hindert grundsätzlich nicht die parallele Inanspruchnahme der IRENA-Leistungen.

Weitere Informationen zum IRENA-Programm können Sie der Rahmenkonzeption „IRENA" im Internet unter der Adresse www.bfa.de entnehmen.

Wenn Sie es zeitlich und/oder gesundheitlich einrichten können, rate ich Ihnen, dieses empfehlenswerte Nachsorgeprogramm zu machen. Erstens schreibt der Hausarzt Sie für diese Zeit in vielen Fällen krank, wenn Sie ihm plausibel erklären, dass Sie noch nicht arbeitsfähig sind und die Doppelbelastung IRENA und Arbeit für Sie zu anstrengend ist.

Zweitens wird die Rentenversicherung dies als positiv werten, wenn Sie später Antrag auf Erwerbsminderungsrente stellen werden.

10

Antrag auf eine Rehabilitationsmaßnahme beim Rentenversicherungsträger - Musterbrief für den Widerspruch bei Ablehnung

Auf der Seite der Deutschen Rentenversicherung (Einzelformulare) finden Sie ein Formularpaket Leistungen zur medizinischen Rehabilitation, die Sie kostenlos bestellen können. Zur Auswahl stehen die Formulare G0100 - Antrag auf Leistungen zur Teilhabe für Versicherte-Rehabilitationsantrag; G0103 – Informationen zum Antrag auf Teilhabe – Rehabilitationsantrag; G0110 – Anlage zum Antrag auf Leistungen zur medizinischen Rehabilitation; G0115 – Selbsteinschätzungsbogen.

https://www.deutsche-rentenversicherung.de

Die vier häufigsten Ablehnungsgründe Ihrer Rentenversicherung für eine Reha:
- Eine ambulante Behandlung vor Ort ist nach Meinung des Kostenträgers ausreichend.
- Wenn Ihre letzte Reha-Maßnahme noch keine vier Jahre zurück liegt.
- Wenn laut Versicherung für Ihr Krankheitsbild eine Reha nicht geeignet ist. Es wird von der

Rentenversicherung verlangt, dass Sie zur stationären Behandlung in ein Krankenhaus gehen.

- Wenn laut Rentenversicherung keine Verbesserung durch die Reha zu erwarten ist.

Sie können zunächst auch ohne Begründung auf den Ablehnungsbescheid reagieren, sodass Sie die Widerspruchsfrist auf jeden Fall einhalten. So gewinnen Sie weitere 4 Wochen. Lassen Sie sich von Ihrem behandelnden Arzt ein Attest ausstellen, aus dem die Notwendigkeit einer Reha deutlich hervorgeht. Sind Sie bei mehreren Ärzten in Behandlung, sprechen Sie auch diese auf ein Attest an.

Widerspruch

Ihr Absender

An die Widerspruchsempfänger (meist Krankenkasse oder Rentenversicherung) mit voller Adresse

Hier: Ihr Bescheid vom………..wegen der Ablehnung einer stationären/ambulanten Rehabilitations-maßnahme

Sehr geehrte Damen und Herren,
hiermit erhebe ich gegen Ihren oben genannten Bescheid Widerspruch. Dieser Bescheid ist mir am…..zugegangen. Der Widerspruch erfolgt zunächst form- und fristwahrend.

Zugleich bitte ich auf der Grundlage von §25 Abs. 1 SGB X um Einsicht in sämtliche für Ihre Entscheidung herangezogenen Akten, einschließlich aller ärztlichen Gutachten und aller Stellungnahmen des medizinischen Dienstes- bzw. um Zusendung von Kopien dieser Unterlagen.

Nach Erhalt der Unterlagen werde ich meinen Widerspruch begründen inklusive aktueller Bescheinigungen meiner behandelnden Ärzte, aus denen erneut hervorgehen wird, dass ambulante Maßnahmen vor Ort in meinem Fall nicht ausreichen, um meine Arbeitskraft zu erhalten bzw. wiederherzustellen. Überdies wurden, wie Sie den Unterlagen erneut entnehmen werden können, alle erdenklichen, ambulanten Maßnahmen voll ausgeschöpft.

Mit freundlichen Grüßen

Ort, Datum   Unterschrift

Die Antragsphase...

Was muss ich beachten vom Antrag bis zum Entscheid?

11

Antrag auf Krankengeld bei Ihrer Krankenkasse

In 10 Jahren haben sich die jährlichen Ausgaben der Krankenkassen für Krankengeld fast verdoppelt auf ca. 12 Milliarden Euro pro Jahr (2015). Die Krankenkassen zahlen also jeden Monat fast 100 Millionen Euro Krankengeld aus und versuchen, die Kostenexplosion einzudämmen, häufig wird das Krankengeld dabei rechtswidrig eingestellt.

Hier kommt dann der MDK ins Spiel. Dort arbeiten etwa 2000 Ärzte („Sozialmediziner"). Diese Ärzte beurteilen, ob ein Versicherter noch arbeitsunfähig ist oder nicht. Wenn die Krankenkasse schreibt, ihr läge ein Gutachten des MDK vor, dann ist damit i.d.R. ein einseitiges Formular namens SFB Arbeitsunfähigkeit gemeint. SFB steht für „Sozialmedizinische Fallberatung". Der MDK erstellt pro Jahr ca. 1,5 Millionen dieser Kurz-Gutachten und zwar nach Aktenlage. Das heißt, der MDK schaut sich nur Ihre Arbeitsunfähigkeitsbescheinigungen und ggf. weitere medizinische Unterlagen an. Persönliche

Untersuchungen finden eher selten statt. Gelegentlich meldet sich der MDK per Fax oder Telefon auch bei Ihrem behandelnden Arzt. Glücklicherweise bieten die Gutachten des MDK häufig Angriffsfläche. Denn je schneller eine Begutachtung des MDK, desto wahrscheinlicher ein Fehler. Sehr häufig wird das Berufsbild nicht beachtet, was das gesamte Prüfungsergebnis infrage stellt. Viele Krankenkassen üben auch Druck auf die Ärzte aus, keine Arbeitsunfähigkeitsbescheinigungen mehr auszustellen. Wichtig ist dabei zu wissen, dass die Meinung des MDK für Ihren Arzt rechtlich nicht verbindlich ist (Ärztliche Weisungsfreiheit). Ihr Arzt ist vollkommen frei darin, die Arbeitsunfähigkeit anders einzuschätzen als der MDK. Im Zweifel legen Sie einen Widerspruch gegen ein negatives Gutachten des MDK ein und informieren Sie Ihren Arzt darüber. Bitten Sie ihn, beim MDK ein Zweitgutachten zu beantragen.

Das Krankengeld ist eine Regelleistung (Entgeltersatzleistung) der gesetzlichen Krankenkassen, welche in Deutschland gesetzlich festgelegt ist. Sie soll den Versicherten im Falle einer längeren Krankheit finanziell absichern. Folgende Personen haben in der gesetzlichen Krankenversicherung ein Anrecht auf Geldzahlung:
- Pflichtversicherte Arbeitnehmer
- Freiwillig Versicherte

Keinen Anspruch haben hingegen unter anderem:
- Familienversicherte

- Studenten und Praktikanten
- Versicherte ohne Verdienstausfall
- Bezieher ALG II
- Hauptberuflich Selbständige

Das Krankengeld wird gezahlt, sofern eine Arbeitsunfähigkeit vorliegt, die durch folgende Ereignisse verursacht wurde:

- Krankheit
- Nicht rechtswidriger Schwangerschaftsabbruch
- Nicht rechtswidrige Sterilisation
- Krankheit des Kindes

Die Grundlage für die Berechnung bildet das regelmäßige Einkommen, welches vor Eintritt der Arbeitsunfähigkeit erzielt wurde. Dabei werden auch Sonderzahlungen wie Weihnachts- und Urlaubsgeld in die Berechnungen einbezogen. Bei nicht regelmäßigem Einkommen wie z.B. Akkordlohn wird als Grundlage der Durchschnitt der letzten drei Monate herangezogen.

Es gilt hier folgende Formel zur Berechnung:
70% Bruttoeinkommen = Krankengeld
Dabei gilt: Die Summe darf den Betrag von 90% des letzten Nettoeinkommens nicht überschreiten.

Checkliste für den Antrag auf Krankengeld:
Der sogenannte Krankengeldauszahlschein wurde mit dem 1. Januar 2016 mit der AU-Bescheinigung zusammengelegt. Seitdem bescheinigen Ärzte ab der

siebten Woche die fortbestehende Arbeitsunfähigkeit auf der AU-Bescheinigung.

Der Arzt bescheinigt weiterhin die Arbeitsunfähigkeit auf dem Krankenschein

Senden Sie die AU-Bescheinigung an die Krankenkasse. Diese wird die Auszahlung des Krankengeldes veranlassen.

Nach dem neuen Verfahren bekommt auch der Arbeitgeber einen Durchschlag der AU-Bescheinigung. Ein lückenloser Informationsfluss ist damit gewährleistet.

Die Auszahlung des Krankengeldes erfolgt immer rückwirkend.

Ganz wichtig, wenn Sie parallel einen Antrag auf Erwerbsminderungsrente gestellt haben:

Wird Altersrente oder Rente wegen voller Erwerbsminderung während des Krankengeldbezugs bewilligt, so endet der Anspruch mit dem Renteneintritt oder es wird gekürzt. Wurde das Krankengeld länger als bis zum Rentenbeginn gezahlt, bekommt die Krankenkasse die Rente für die Zeit der Überschneidungen. Werden Teilrenten bewilligt, wird das Krankengeld um den Betrag der Rente gekürzt.

Für Arbeitslose gelten besondere Regelungen. Anspruch haben lediglich Empfänger von Arbeitslosengeld I. Versicherte, welche Arbeitslosengeld II (Hartz IV) beziehen, sind vom Bezug ausgenommen und erhalten während der Arbeitsunfähigkeit weiterhin Zahlungen von der Bundesagentur für Arbeit.

Für Arbeitslose mit Arbeitslosengeld I zahlt zunächst die Arbeitsagentur die entsprechenden Leistungen sechs Wochen lang weiter. Ab der siebten Woche beginnt dann die Auszahlung durch die Krankenkasse.

Der Anspruch auf Krankengeld gilt grundsätzlich ab dem Tag, an dem der Arzt die Arbeitsunfähigkeit festgestellt hat. Bei Arbeitnehmern ruht dieses Anrecht jedoch zunächst, da diese in der Regel bis zu sechs Wochen Lohnfortzahllungen durch den Arbeitgeber erhalten. Der Anspruch ruht außerdem, solange Versicherte folgende Leistungen beziehen:

- Elternzeit oder Mutterschaftsgeld
- Verletztengeld oder Versorgungskrankengeld
- Übergangsgeld
- Kurzarbeitergeld

Auf Grund derselben Krankheit wird das Geld innerhalb der sogenannten Blockfrist von drei Jahren für maximal 78 Wochen gezahlt. Diese Blockfrist ist unbeweglich und setzt jeweils mit dem ersten Auftreten einer Krankheit ein. Die sechswöchige Lohnfortzahlung wird dabei angerechnet, so dass die Krankenkasse 72 Wochen zahlen muss. Tritt dieselbe Krankheit öfter auf, gibt es nur dann eine neuerliche Blockfrist, wenn der Versicherte in der Zwischenzeit mindestens sechs Monate lang nicht krank war und arbeiten konnte bzw. dem Arbeitsmarkt zur Verfügung stand. Eine neue Erkrankung, die keine Verbindung zu vorangegangenen Krankheiten hat, bedingt ebenfalls eine neue Blockfrist.

Wichtig:

Ist ein Arbeitnehmer auch nach der 78. Woche der Krankengeldzahlung, also dem Ende des Krankengeldes nicht arbeitsfähig, deutet vieles auf eine Erwerbsunfähigkeit hin.

Wurde die Erwerbsunfähigkeit noch nicht offiziell bestätigt, tun sich für Betroffene oft große finanzielle Probleme auf. In diesem Fall greift daher die sogenannte Nahtlosigkeitsregelung, wodurch Betroffene das Arbeitslosengeld bei Arbeitsunfähigkeit (§ 145 SGB III) erhalten können. Dabei handelt es sich um eine Sonderform des Arbeitslosengeldes, das nur als Übergang zur nachfolgenden Leistung fungiert. Für diese Zeit werden die Beiträge zur Krankenversicherung vom Jobcenter übernommen. Voraussetzung für die Zahlung ist, dass sich der Versicherte arbeitslos meldet.

Nach der Aussteuerung des Krankengeldes können Versicherte nicht mehr ihren Krankenversicherungsschutz verlieren (Beitragsschuldengesetz). Der Betroffene bleibt solange bei der ursprünglichen Krankenversicherung versichert, bis ein anschließender Versicherungsschutz vorgewiesen werden kann.

Seit Juli 2015 reicht es aus, wenn sich der Patient bei Fortbestehen der Arbeitsunfähigkeit spätestens an dem Werktag bei seinem Arzt vorstellt, der auf den letzten Tag der AU-Bescheinigung folgt. Vereinfacht wurde im Januar 2016 auch folgendes: mit der neuen AU-

Bescheinigung wird den Arztpraxen auch gleich das bundesweit einheitliche Formular zur Verfügung gestellt, welches die Anfrage zum Fortbestehen der Arbeitsunfähigkeit der Krankenkasse vereinheitlicht.
Die AU beinhaltet beim Bezug von Krankengeld jetzt folgende Formulare:

Den großen gelben AU-Schein sowie das Formular 52 (Bericht für die Krankenkasse bei Fortbestehen der Arbeitsunfähigkeit) bekommt Ihre Krankenkasse, den kleinen gelben Schein (AU-Bescheinigung) bekommt Ihr Arbeitgeber, der Versicherte erhält die gleiche Ausfertigung wie die Krankenkasse und der Arzt eine weiße Ausfertigung für seine Unterlagen.

Nicht vergessen:
Drei Monate, bevor das Krankengeld ausläuft, kontaktieren Sie unbedingt die Rentenversicherung, die Agentur für Arbeit und eventuell Ihre Berufsunfähigkeitsversicherung, um Ihre zukünftige finanzielle Situation zu klären. Sie haben Anspruch auf Arbeitslosengeld I (§145 SBGIII), während die Deutsche Rentenversicherung Ihren Antrag prüft.

Sollten Sie Schwierigkeiten mit Ihrer Krankenkasse haben, weil sie den Krankengeldanspruch ablehnt oder Sie zu Reha-Maßnahmen auf Kosten der Rentenversicherung drängt, lassen Sie sich unbedingt beraten und unterstützen.

12

Das Krankengeld wurde eingestellt – Widerspruch mit Musterbriefen

Wichtig ist, dass Sie innerhalb 1 Monats ab Erhalt Ihres Krankengeld-Einstellungsbescheides hiergegen schriftlich Widerspruch einlegen. Beachten Sie bitte, dass E-Mails nicht ausreichen (auch nicht mit Anhang). Telefonanrufe bei der Krankenkasse können Sie sich in einem solchen Fall eigentlich sparen. Die Inhalte von Telefonaten sind erstens selten beweisbar und zweitens sind Krankenkassen nur an schriftliche Äußerungen rechtlich gebunden.

Versenden Sie Ihren Widerspruch nur mit Zugangsnachweis!! Also entweder vorab per Telefax (Widersprüche per Telefax sind rechtswirksam) oder per Einschreiben.

Bei der Begründung des Einschreibens müssen Sie unterscheiden:

Wenn Sie vor Beginn Ihrer Arbeitsunfähigkeit gearbeitet haben, sollten Sie den Muster-Widerspruch für Angestellte verwenden. Hier kommt es für den Erfolg Ihres Widerspruches grundsätzlich auf Ihre zuletzt ausgeübte Tätigkeit bzw. eine gleichartige Tätigkeit an.

Wenn Sie zu Beginn Ihrer Arbeitsunfähigkeit Arbeitslosengeld bezogen haben, sollten Sie den Muster-Widerspruch für Arbeitslose verwenden. Hier kommt es für den Erfolg Ihres Widerspruches grundsätzlich darauf an, wie lange Sie schon Arbeitslosengeld beziehen. Die Krankenkasse hat nach Eingang des Widerspruches maximal 3 Monate Zeit, über den Widerspruch zu entscheiden. Hält die Krankenkasse diese Frist ohne ausreichenden Grund nicht ein, können Sie eine Untätigkeitsklage beim Sozialgericht erheben.

„Musterbrief – Widerspruch für Angestellte

Ihr Name
Ihre Anschrift
Wohnort

Versandweg wählen
Ihre Krankenkasse
Anschrift

Ihr Zeichen: Versichertennummer/Az. eingeben
Widerspruch gegen Bescheid vom ----------------

Sehr geehrte Damen und Herren,
hiermit erhebe ich gegen Ihren Bescheid vom --------
fristwahrend
*   Widerspruch*

und beantrage, mir weiterhin Krankengeld zu zahlen. Ich bitte außerdem um Übersendung von Kopien der Ihnen vorliegenden SFB, Stellungnahmen oder Gutachten des MDK.

Begründung:
Nach ständiger Rechtsprechung des Bundessozialgerichts liegt Arbeitsunfähigkeit vor, wenn der Versicherte überhaupt nicht oder nur auf die Gefahr hin, seinen Zustand zu verschlimmern, fähig ist, seiner bisher ausgeübten Erwerbstätigkeit nachzugehen. Dabei genügt es, wenn der Versicherte seine zuletzt vor Eintritt des Versicherungsfalls konkret ausgeübte Arbeit wegen Krankheit nicht (weiter) verrichten kann. Dass er möglichweise eine andere Tätigkeit trotz der gesundheitlichen Beeinträchtigung noch ausüben könnte, ist unerheblich. Die zuletzt ausgeübte Tätigkeit bleibt auch nach einem Verlust des Arbeitsplatzes oder einer zwischenzeitlichen Arbeitslosmeldung für die Beurteilung der Arbeitsunfähigkeit maßgebend, wenn der Versicherte bei Beendigung des Beschäftigungsverhältnisses bereits Krankengeld bezogen hat. Dies gilt selbst dann, wenn der Versicherte sein Einverständnis mit einer Vermittlung in einen anderen Beruf erklärt. Auch bei freiwillig versicherten Selbständigen ist die im Zeitpunkt der Arbeitsunfähigkeit konkret ausgeübte Erwerbstätigkeit maßgeblich.

Wie Sie aus Ihren Akten ersehen können, war ich vor Beginn meiner Arbeitsunfähigkeit beruflich als ---------- tätig.

Mein Tätigkeitsprofil stellt sich anhand eines typischen Arbeitstages wie folgt dar:

Uhrzeit (von bis):   *Meine Tätigkeit:*
(bitte ausführlich angeben)

Meine versicherte Tätigkeit stellte daher vor allem hohe Anforderungen an die
- o *Körperliche Leistungsfähigkeit*
- o *Konzentrationsfähigkeit*
- o *Flexibilität und Umstellungsfähigkeit*
- o *Entscheidungs- und Urteilsfähigkeit*
- o *Durchsetzungsfähigkeit*
- o *Durchhaltefähigkeit*
- o *Kommunikationsfähigkeit*
- o *Gruppenfähigkeit*
- o *Mobilität/Wegefähigkeit*

(Bitte ankreuzen, was bei Ihnen zutrifft)

Ich habe nach wie vor folgende, erhebliche Beschwerden:
(Bitte alles aufzählen)

- o *Ich bin mit diesen Beschwerden und den ärztlich attestierten Gesundheitsstörungen nicht in der Lage, meiner versicherten Tätigkeit mit dem oben dargestellten Anforderungsprofil oder einer vergleichbaren Tätigkeit nachzugehen. Täte ich dies, dann auf die Gefahr hin, meinen Zustand zu verschlimmern.*

Beachten Sie bitte die aktenkundigen Arbeitsunfähigkeitsbescheinigungen und Atteste. Weitere ärztliche Unterlagen liegen mir nicht vor/füge ich diesem Schreiben als Anlage bei.

- o Ich bitte um zeitnahe Widerspruchsprüfung und antragsgemäße Abhilfe. Sollten meinem Widerspruch verwaltungsseitig nicht abgeholfen werden, bitte ich um rasche Vorlage an den MDK. Im Falle einer MDK-Arztanfrage bitte ich, dem kontaktierenden Arzt eine Kopie dieses Schreibens zu übermitteln.

Mit freundlichen Grüßen

Musterbrief – Widerspruch für Arbeitslose

Ihr Name
Ihre Anschrift

Versandweg wählen
Ihre Krankenkasse
Anschrift

Ihr Zeichen: (Versichertennummer/Az. eingeben)
Widerspruch gegen Bescheid vom -------------------

Sehr geehrte Damen und Herren,

hiermit erhebe ich gegen Ihren Bescheid vom -------

Widerspruch

und beantrage, mir weiterhin Krankengeld zu zahlen.

Begründung:
Nach ständiger Rechtsprechung des Bundessozialgerichts ist Maßstab für die Beurteilung der krankheitsbedingten Arbeitsunfähigkeit eines Versicherten in der Krankenversicherung der Arbeitslosen alle Beschäftigungen, für die er sich der Arbeitsverwaltung zwecks Vermittlung zur Verfügung gestellt hat und die ihm arbeitslosenversicherungsrechtlich zumutbar sind.
Ich habe nach wie vor folgende, erhebliche Beschwerden:
(bitte Beschwerden hier aufzählen)

Ich bin mit diesen Beschwerden und meinen attestierten Gesundheitsstörungen nicht in der Lage, auch leichten Beschäftigungen nachzugehen. Täte ich dies, dann auf die Gefahr hin, meinen Zustand zu verschlimmern. Beachten Sie bitte die aktenkundigen Arbeitsunfähigkeitsbescheinigungen und Atteste. Weitere ärztliche Unterlagen liegen mir nicht vor/füge ich diesem Schreiben als Anlage bei.
Ich bitte um zeitnahe Widerspruchsprüfung und antragsgemäße Abhilfe. Sollte meinem Widerspruch verwaltungsseitig nicht abgeholfen werden, bitte ich um rasche Vorlage an den MDK. Im Falle einer MDK-Arztanfrage bitte ich, dem kontaktierten Arzt eine Kopie dieses Schreibens zu übermitteln.
Mit freundlichen Grüßen

Musterbrief Antrag auf Arbeitslosengeld nach Krankengeldbezug

Ihr Absender
Ihre Anschrift

Versandweg wählen
Ihre Arbeitsagentur
Anschrift

Antrag auf Arbeitslosengeld
Persönliche Vorsprache

Sehr geehrte Damen und Herren,

meine Krankenkasse hat mir mit beigefügtem Schreiben mitgeteilt, dass mein Krankengeld zum -----------eingestellt wurde.

Ich melde mich daher bei der heutigen Vorsprache arbeitslos, stelle hiermit einen

Antrag auf Arbeitslosengeld

und bitte um Hergabe entsprechender Antragsformulare. Ich bin ausdrücklich bereit, zu arbeiten, soweit es mein Gesundheitszustand nach ärztlicher Beurteilung zulässt.
Da die Feststellung des Umfangs meiner Verfügbarkeit möglicherweise durch Ihren Ärztlichen Dienst erfolgen muss und Zeit benötigt, stelle ich hiermit nach § 328 Abs.1 Satz 3 SGB III zugleich einen

Antrag auf vorläufige Entscheidung,

d.h. vorläufige Arbeitslosengeldgewährung. Ich weise darauf hin, dass nach § 328 Abs.1Satz 2 SGB III in den Fällen des Satz 1 Nr. 3 auf Antrag vorläufig zu entscheiden ist (gebundene Entscheidung).

Ich bitte ferner um schriftliche Bestätigung meiner Vorsprache und meiner Anträge.
Ein Stempel auf einer Kopie dieses Schreibens genügt.
Bitte beachten Sie §20 Abs.3 SGB X. Das Wegschicken eines Antragstellers ohne Antragsaufnahme oder die Verweigerung der Annahme oder Bearbeitung eines Antrags sind rechtswidrig und können Schadensersatzansprüche wegen Amtspflichtverletzung auslösen.

Falls Sie beabsichtigen, meinen Antrag auf Arbeitslosengeld abzulehnen, bitte ich um schnellstmögliche Erteilung eines rechtsmittelfähigen Bescheides.

Mit freundlichen Grüßen"

© Rechtsanwalt u. Fachanwalt SozR Köper (drei Musterbriefe)
Ich möchte darauf hinweisen, dass sich die Rechtslage ändern kann und empfehle Ihnen daher, ggf. die aktuelle Fassung der Widersprüche auf der Website von Herrn RA Köper abzurufen.
www.rechtsanwalt-koeper.de

13

Musterbriefe für Ihren Antrag auf Gleichstellung bei der Agentur für Arbeit

Der Antrag auf Gleichstellung mit einem schwerbehinderten Menschen umfasst 6 Seiten. Ich zähle Ihnen nachfolgend auf, was die Agentur für Arbeit von Ihnen wissen möchte bzw. was Sie ausfüllen müssen (ohne Gewähr auf Vollständigkeit, da Antragsformulare sich ändern können).

Antrag auf Gleichstellung mit einem schwerbehinderten Menschen nach § 2 Abs. 3 Sozialgesetzbuch IX (SGBIX)

- Angaben zur Person inklusiv Ihrer Rentenversicherungsnummer
- Angaben zum Grad der Behinderung (als Nachweis wird hier der Feststellungsbescheid des Versorgungsamtes oder der Rentenbescheid verlangt.
- Angaben zu Ihrem Beruf, Ausbildung und Arbeitsverhältnis (hierbei werden unter anderem Auskünfte zu Ihrer Arbeitszeit, zu Arbeitsbedingungen, ob Sie z.B. gekündigt wurden und ob Sie einen besonderen Kündigungsschutz (z.B. Mutterschutz, Betriebs- und Personalratsmitglied, tariflicher oder gesetzlicher Kündigungsschutz) haben, gefragt.

- Am Ende des Antrages müssen Sie den Antrag noch begründen. Hier wird von der Agentur für Arbeit hauptsächlich ein Augenmerk darauf gerichtet, ob Ihr Arbeitsverhältnis wegen Ihrer Behinderungen bzw. der vielen Fehlzeiten evtl. gefährdet ist. Hier geben Sie alle Ihre regelmäßigen Beschwerden an, gerade Mobbing sollte nicht verschwiegen werden. Auch über das Verhalten von Kollegen und Vorgesetzten Ihnen gegenüber sollten Sie Auskunft geben: werden Sie beispielsweise bei Beförderungen übergangen, zu Team-Besprechungen nicht mehr geladen oder über ganz alltägliche Dinge, die Ihre Abteilung betreffen, nicht mehr informiert? Was auch nicht selten vorkommt: wenn Sie statt zuvor mit Arbeit überschüttet wurden jetzt auf einmal gar keine Tätigkeit mehr zugewiesen bekommen. Dies erfüllt alles den Tatbestand von Mobbing. Hier empfiehlt es sich, auch ein Mobbingtagebuch zu führen. https://karrierebibel.demobbingtagebuch

Seite 6 ist ein Infoblatt der Agentur für Arbeit: Information zur Gleichstellung behinderter Menschen.

Sie können Sich den Antrag auch im Internet ansehen oder ausdrucken. Bei der Agentur für Arbeit habe ich ihn nicht gefunden, da gab es nur die Option, ein Kontaktformular auszufüllen und sich den Antrag zusenden zu lassen. Aber ich bin fündig geworden unter https://mbjs.brandenburg.de/antraggleichstellung

Dann erscheint der Gleichstellungsantrag der Bundesagentur für Arbeit.

Mein Tipp:

Im Antragsformular wird nach ihrem Beruf bzw. Ihrer Tätigkeit gefragt, z.B. ob Sie die Tätigkeit ohne Einschränkung oder mit behinderungsbedingten Einschränkungen ausüben können. Dann wird etwa gefragt, ob eine innerbetriebliche Umsetzung wegen der Auswirkungen Ihrer Behinderungen vorgesehen oder bereits erfolgt ist. Ob Sie in Vollzeit oder Teilzeit arbeiten und nach den Arbeitsbedingungen. Bitte füllen Sie hier so viel wie möglich aus und beschönigen Sie gegenüber der Agentur für Arbeit nichts. Auch die Begründung des Antrages bitte sehr ausführlich, gerne mit Beiblatt, ausfüllen. Wenn Sie bereits Probleme am Arbeitsplatz wegen vieler Fehlzeiten haben, wenn Sie ein Gespräch mit dem Vorgesetzten hatten oder gar eine Abmahnung, geben Sie bitte an, dass Ihr Arbeitsverhältnis gefährdet ist.

Wenn Sie gemobbt werden, bitte alles genau angeben und beschreiben.

Sie erhalten eine Gleichstellung nämlich nur, wenn Ihr Arbeitsverhältnis ohne Gleichstellung mit einem schwerbehinderten Menschen gefährdet ist. Und das ist es zwangsläufig, wenn Sie häufige Fehlzeiten aufweisen oder krankheitsbedingt nicht mehr belastbar sind oder nicht mehr alle Tätigkeiten erledigen können. Deshalb ist es enorm wichtig, dass Sie diesen Antrag sehr genau, wahrheitsgemäß und sehr ausführlich ausfüllen. Wenn die Arbeitsagentur das Gefühl vermittelt bekommt, dass Sie bei Ihrem Arbeitgeber auf der Abschussliste stehen, werden Sie auch die Gleichstellung erhalten. Der Arbeitsagentur ist nicht daran gelegen, dass Sie Ihren Job verlieren.

14

Positiver Bescheid auf Ihren Antrag auf Gleichstellung: So sieht der Bescheid aus

Gleichstellung gemäß § 2 Abs.3 Sozialgesetzbuch IX (SGB IX); Ihr Antrag eingegangen am: ....

Sehr geehrter Herr ....,

auf Ihren Antrag werden Sie gem. § 2 Abs.3 SGBIX einem schwerbehinderten Menschen gleichgestellt. Die Gleichstellung wird mit dem Tag des o.a. Eingangsdatums wirksam.

Gründe
Nach Ihren Angaben im Antrag und den von mir getroffenen Feststellungen werden Sie den schwerbehinderten Menschen gleichgestellt, weil Sie infolge Ihrer Behinderung ohne die Gleichstellung in Ihrer Wettbewerbsfähigkeit gegenüber nicht behinderten Menschen benachteiligt und auch die übrigen Voraussetzungen des § 2 Abs.3SGBIX erfüllt sind.

Mitteilungspflicht
Die tatsächlichen und die rechtlichen Voraussetzungen, die der Gleichstellung zugrunde liegen, können sich ändern. Sie werden gebeten, solche Veränderungen unverzüglich mitzuteilen. Hierzu zählen insbesondere:

Aufhebung/Widerruf des Feststellungsbescheids des Versorgungsamtes und Änderungen des Grades der Behinderung durch das Versorgungsamt auf weniger als 30 oder 50 und mehr.

Rechtsfolgen auf Gleichstellung
Auf gleichgestellte behinderte Menschen werden die besonderen Regelungen für schwerbehinderte Menschen nach dem SGBIX, Teil 2, mit Ausnahme des § 125 (Zusatzurlaub) und des Kapitels 13 (unentgeltliche Beförderung) angewendet.

Widerspruch
Gegen diesen Bescheid ist der Widerspruch zulässig. Der Widerspruch ist schriftlich oder zur Niederschrift bei der oben bezeichneten Agentur für Arbeit einzureichen, und zwar binnen eines Monats, nachdem der Bescheid Ihnen bekannt gegeben worden ist.

Mit freundlichen Grüßen

15

Diese Unterlagen benötigen Sie für Ihren Antrag auf Erwerbsminderungsrente bzw. auf Weitergewährung bei Bezug der befristeten Rente

Um die Erwerbsminderungsrente zu erhalten, müssen Sie einen Antrag bei Ihrem zuständigen Rentenversicherungsträger stellen. Sie rufen dort unter Angabe Ihrer Rentenversicherungsnummer an und bitten um Zusendung der Antragsunterlagen.

Der Antrag auf Erwerbsminderungsrente umfasst folgende Formulare bzw. die darauf vermerkten Unterlagen (Formular R 990) sind dem Antrag beizufügen.

Die Antragsformulare der Deutschen Rentenversicherung (RV) Bund:
- Antrag auf Versichertenrente: Formular R 100
- Anlage zum Rentenantrag zur Feststellung der Erwerbsminderung: Formular R 210
- Ergänzungsblatt zum Vordruck R 210; Formular R 211
- Formular R015 Selbsteinschätzungsbogen
- Aufstellung über eingereichte Unterlagen bzw. nachzureichende Unterlagen: Formular R 990.

- Formular R0120 (11 Seiten) Antrag auf Weiterzahlung einer Rente wegen Erwerbsminderung/Berufsunfähigkeit/Erwerbsun-fähigkeit (Dieser Vordruck ist nur zu verwenden, wenn bereits eine Rente wegen Erwerbsminderung geleistet wird).

Dazu sind die folgenden Formulare ebenfalls von Bedeutung, wenn Sie die Erwerbsminderungsrente beantragen wollen:
- Meldung zur Krankenversicherung als Rentner/in: Formular R 810 (8 Seiten)
- Ergänzungsblatt: Formular R 811
- Hinweise zur Krankenversicherung der Rentner (KvdR): Formular R 815

Die Rentenversicherung benötigt für die Bearbeitung Ihres Rentenantrags in der Regel Originaldokumente und keine Kopien. Eventuell genügen auch beglaubigte Abschriften. Bitte klären Sie dies frühzeitig, dann können Sie diese Unterlagen schon lange vor Ihrem Antrag in Ruhe zusammensuchen oder beantragen. Dies bedeutet weniger Stress und Arbeit, wenn Sie den Antrag stellen werden. Am besten, Sie sammeln die benötigten Papiere im Ordner, in dem Sie auch Ihre Arztbefunde usw. aufbewahren.

Das brauchen Sie zur Antragstellung:
- Urkunden wie z.B. Geburtsurkunde, ggf. Heiratsurkunde

- Nachweise über Ihre Ausbildungszeiten, Krankheitszeiten, Arbeitslosigkeit
- Aufrechnungsbescheinigungen
- Gültiger Personalausweis oder Reisepass
- Geburtsurkunden Ihrer Kinder
- Bankdaten, d.h. Kontonummer IBAN sowie BIC
- Chipkarte der Krankenkasse
- Versicherungsnachweise
- Steueridentifikationsnummer (Finanzamt, steht auf dem Steuerbescheid)
- Gesellenbrief/Kaufmannsgehilfenbrief/ Ausbildungsvertrag

Wenn Sie den Antrag nicht selbst stellen können, bekommen Sie Hilfe bei den Mitarbeitern Ihres örtlichen Rentenversicherungsträgers, der auch Rentenberatungen anbietet sowie bei den Mitarbeitern der Gemeindeverwaltung Ihres Wohnsitzes, den gesetzlichen Krankenkassen und der Versicherungsämter.

In der Regel wird jeder 2. Antrag auf Erwerbsminderungsrente im ersten Anlauf abgelehnt.
Ein ablehnender Bescheid erfolgt meistens infolge des gutachterlichen Resultats, dass bei dem Antragsteller noch ein Restleistungsvermögen auf dem öffentlichen Arbeitsmarkt von über 6 Stunden pro Tag bestehen würde. Daher ist es so immens wichtig, dass Sie Ihren Rentenantrag mit aussagekräftigen Gutachten über Ihre

Erkrankungen, am besten von verschiedenen Fachärzten, einreichen.

Haben Sie alle für Ihren Antrag benötigten Unterlagen eingereicht (bitte von jedem Blatt, das Sie versenden, immer auch Kopien für Ihren eigenen Ordner machen!!), wird geprüft, ob bei Ihnen ein Rentenanspruch besteht.

Im Durchschnitt dauert es ca. 4-6 Monate, je nach Arbeitsbelastung, bis über Ihren Antrag entschieden wird. Bitte planen Sie daher diese lange Zeit in Ihre Berechnungen mit ein.

Wenn Sie weitere Anträge benötigen, stehen Ihnen alle entsprechenden Antragsvordrucke auch im Internet unter www.deutsche-rentenversicherung.de zur Verfügung.

16

Diese Fragen müssen Sie im Rentenantrag bzw. im
Antrag auf Weiterzahlung der befristeten EMR beantworten

Damit Sie schon mal eine Ahnung haben, was der Rentenversicherungsträger in der 12-seitigen Anlage des Rentenantrags alles wissen will und Sie sich vorbereiten können, liste ich die einzelnen Punkte hier für Sie auf.

Formular R 210
Anlage zum Rentenantrag zur Feststellung der Erwerbsminderungsrente

„Sind Sie bei der Agentur für Arbeit oder einem „Seite 1, Angaben zur Person (Name, Adresse, email, Telefon, letzter Arbeitgeber, Arbeitszeit).
Verstorbene Versicherte (bei Antrag auf Hinterbliebenenrente)
Antragstellung durch andere Personen
Berufsausbildung des Antragstellers (Beweismittel bitte beifügen).
Wurden weitere Qualifikationen absolviert? (Reifeprüfung, Meisterprüfung, Polierprüfung)?

Beschäftigungsübersicht (ggf. Ergänzungsblatt R211 verwenden). Ein Verweis auf den Versicherungsverlauf genügt nicht.

Selbständige Erwerbstätigkeit

Angaben von Arbeitsuchenden

Begründung des Rentenantrages (Seit wann und wegen welchen Gesundheitsstörungen halten Sie sich für erwerbsgemindert?)

Hinweis: Damit wir uns ein möglichst umfassendes Bild von Ihren Gesundheitsstörungen machen können, haben Sie die Möglichkeit, Ihre persönliche Einschätzung in dem Vordruck R 215 einzubringen.

Welche Arbeiten können Sie nach Ihrer Auffassung noch verrichten?

Sind Sie zurzeit arbeitsunfähig krank?

Ärztliche Behandlung (ggf. Ergänzungsblatt R 211 verwenden). Bei wem waren Sie in der letzten Zeit in ambulanter ärztlicher Behandlung?

Waren Sie in den letzten Jahren in stationärer Krankenhausbehandlung?

Ärztliche Untersuchungen: Wurden ärztliche Untersuchungen in den letzten Jahren durchgeführt? Vom Medizinischen Dienst der Krankenkassen im Auftrag der Krankenkasse oder Pflegekasse; im Auftrag der Agentur für Arbeit.

Im Auftrag der Berufsgenossenschaft; im Auftrag des Arbeitgebers vom Personalrat oder Betriebsarzt; im Auftrag einer sonstigen Stelle (z.B. Kommune, Arbeitsgemeinschaft, Jobcenter, Gesundheitsamt, Blindengeldstelle, Privatversicherung).

Zur Feststellung einer Schwerbehinderung
Sind Sie schwerbehindert?
Sind Sie einem schwerbehinderten Menschen gleichgestellt oder wurde Ihnen als Arbeitsuchender die Gleichstellung zugesichert?
Leistungen zur Teilhabe
Sind Leistungen zur medizinischen Rehabilitation oder zur Teilhabe am Arbeitsleben erbracht worden?
Sind zurzeit solche Leistungen beantragt?
Wurde früher ein Antrag auf solche Leistungen abgelehnt?
Wurde anlässlich eines früheren Rentenantrags eine ärztliche Untersuchung durchgeführt?
Sind Sie aus gesundheitlichen Gründen gehindert, zur ärztlichen Untersuchung zu kommen?
Erklärung und Information zum Rentenantrag zur Feststellung der Erwerbsminderung
Einwilligungserklärung des Antragstellers
Wortlaut der Gesetzestexte
Folgen fehlender Mitwirkung

Im 12-seitigenAntragsformular R0120 auf Weiterzahlung einer Rente wegen Erwerbsminderung müssen Sie folgende Fragen beantworten:

Angaben zur Person
Antragstellung durch andere Personen
Zusätzliche Angaben zum Rentenanspruch seit Beginn der Zeitrente
- *Üben Sie eine Beschäftigung aus?*

- Jobcenter als arbeitsuchend gemeldet?
- Sind oder waren Sie selbständig erwerbstätig?
- Haben Sie einen Hausarzt?

Waren Sie in der letzten Zeit bei weiteren Ärzten in ambulanter Behandlung?

Waren Sie in der letzten Zeit in stationärer Krankenhausbehandlung oder ist eine solche Behandlung vorgesehen?

Haben sich die Krankheitsmerkmale geändert?

- Sind Leistungen zur medizinischen Rehabilitation (Kur) oder zur Teilhabe am Arbeitsleben (Umschulung) erbracht worden?
- Haben Sie zurzeit Leistungen zur medizinischen Rehabilitation (Kur) oder zur Teilhabe am Arbeitsleben (Umschulung) beantragt?
- Wurde eine ärztliche Untersuchung veranlasst?
- Wurde eine Begutachtung für die Pflegeversicherung veranlasst?
- Haben Sie während des Rentenbezuges die Feststellung der Schwerbehinderteneigenschaft oder die Feststellung eines höheren Grades der Behinderung beantragt?

Damit wir uns ein umfassendes Bild von Ihren Gesundheitsstörungen machen können, haben Sie die Möglichkeit, Ihre persönliche Einschätzung in den Vordruck R0215 einzubringen.

- Beziehen Sie kurzfristiges Erwerbsersatzeinkommen (z.B. Krankengeld, Verletztengeld, Versorgungskrankengeld,

Mutterschaftsgeld, Übergangsgeld, Arbeitslosengeld, Kurzarbeitergeld, Insolvenzgeld, Gründungszuschuss der Agentur für Arbeit, Übergangsleistung bei Maßnahmen gegen Berufskrankheiten, vergleichbare Leistungen von einer Stelle im Ausland) oder haben Sie eine der genannten Leistungen beantragt? Bitte auch dann beantworten, wenn die Leistung ruht oder ein Einkommen angerechnet wird.

Andere Leistungen

Beziehen oder bezogen Sie eine der nachstehenden Leistungen oder haben Sie eine dieser Leistungen beantragt?

- *Krankengeld von einer Krankenkasse*
- *Arbeitslosengeld, Arbeitslosengeld II, Sozialgeld, Einstiegsgeld, Gründungszuschuss, Aufstockungsbeiträge bei Altersteilzeitarbeit von der Agentur für Arbeit oder einem Jobcenter.*
- *Unterhaltshilfe*
- *Versorgungsrente*
- *Sozialhilfe, Grundsicherung vom Sozialhilfeträger*
- *Kinderzuschlag zum Kindergeld von der Familienkasse*
- *Elterngeld von den Elterngeldstellen*
- *Sonstige Leistungen*

Krankenversicherung der Rentner (KVdR)

- Besteht eine Versicherung bei einer gesetzlichen Krankenkasse oder bei einem privaten Krankenversicherungsunternehmen?

Dokumentenzugang

Per De-Mail

Für sehbehinderte Menschen

- Menschen mit einer Sehbehinderung (z.B. blinde oder sehbehinderte Menschen) haben Anspruch darauf, Dokumente in einer für sie wahrnehmbaren Form zu erhalten.

Erklärung der Antragstellerin/des Antragstellers

- Ich versichere, dass ich sämtliche Angaben in diesem Vordruck und den dazugehörenden Anlagen nach bestem Wissen gemacht habe. Mir ist bekannt, dass wissentlich falsche Angaben zu einer strafrechtlichen Verfolgung führen können.

Ich verpflichte mich, den Rentenversicherungsträger unverzüglich zu benachrichtigen, wenn nach Stellung dieses Rentenantrags bis zum Rentenbeginn

- eine Beschäftigung oder selbständige Tätigkeit aufgenommen bzw. nach Arbeitsunfähigkeit wieder ausgeübt wird oder
- sich eine Änderung der Höhe des Arbeitsentgelts oder des Arbeitseinkommens/steuerrechtlichen Gewinns ergibt oder
- ein kurzfristiges Erwerbsersatzeinkommen beantragt oder gezahlt wird oder
- eine Leistung nach Ziffer 4 dieses Vordrucks beantragt oder gezahlt wird oder

- *von Amts wegen ein Verfahren bei der gesetzlichen Unfallversicherung eingeleitet wird oder*
- *sich meine Anschrift ändert.*

Versicherung der Antragstellerin/des Antragstellers

- *Ich versichere, dass ich die gesundheitliche Beeinträchtigung meiner Erwerbsunfähigkeit weder absichtlich herbeigeführt noch mir bei einer Handlung zugezogen habe, die nach strafrechtlichem Urteil ein Verbrechen oder vorsätzliches Vergehen ist.*

Information der Antragstellerin/des Antragstellers

- *Wir möchten Sie darüber informieren, dass wir **medizinische Daten**, die uns bereits vorliegen oder die wir mit Ihrer Einwilligung erhalten, an andere Sozialleistungsträger (z.B. Krankenkassen, Agentur für Arbeit, Versorgungsämter oder Berufsgenossenschaften) für deren gesetzliche Aufgabenerfüllung oder für die Erfüllung eigener gesetzlicher Aufgaben **weitergeben dürfen**. Zur eigenen Aufgabenerfüllung dürfen wir diese medizinischen Daten auch an sonstige Dritte (z.B. zu beauftragende Gutachter) übermitteln, sofern dies erforderlich ist. Die gesetzliche Grundlage hierfür ist § 76 Absatz 2 Nummer 1 in Verbindung mit § 69 Zehntes Buch Sozialgesetzbuch (SGB X).*

Sie können einer solchen Weitergabe aber jederzeit ohne Angabe von Gründen widersprechen. Das kann allerdings dazu führen, dass Ihnen eine Leistung ganz oder teilweise versagt oder entzogen wird, wenn Sie zuvor schriftlich auf diese Möglichkeit hingewiesen worden sind (§ 66 SGB I).

Ich nehme zur Kenntnis, dass
- Meine Krankenkasse dem Rentenversicherungsträger sämtliche Arbeitsunfähigkeitszeiten und die dazugehörigen Diagnosen (einschließlich der Angaben zu Krankenhausaufenthalten bzw. Rehabilitationsaufenthalten) der letzten 3 Jahre übermittelt (AUD-Beleg).
- Ich gegenüber meiner Krankenkasse der Übermittlung von Diagnosedaten jedoch widersprechen kann.

Dies gilt nicht für Mitglieder der privaten Krankenkassen.

Ort, Datum und Unterschrift

Entbindung von der ärztlichen Schweigepflicht
Einwilligungserklärung der/des Rentenberechtigten
- Ich willige ein, dass der Rentenversicherungsträger von den Ärzten und Einrichtungen , die ich im Antrag angegeben habe oder die aus den überlassenen Unterlagen ersichtlich sind, alle ärztlichen und psychologischen Untersuchungsunterlagen erhalten darf, die er für die Entscheidung über

meinen Antrag benötigt. Das schließt die Unterlagen ein, die diese Ärzte und Einrichtungen von anderen Ärzten und Einrichtungen erhalten haben.

- Ärztliche Untersuchungen, die während des Verfahrens – beispielsweise in einem Krankenhaus oder einer anderen Behandlungsstätte – stattgefunden haben, werde ich dem Rentenversicherungsträger umgehend mitteilen. Wenn ich bei dieser Mitteilung nichts Gegenteiliges erkläre, willige ich ein, dass der Rentenversicherungsträger auch die Unterlagen über diese ärztlichen Untersuchungen erhalten darf.

- Ich willige ein, dass bereits vorhandene Entlassungsberichte über Leistungen zur medizinischen Rehabilitation des Rentenversicherungsträgers einem evtl. zu beauftragenden Gutachter übersandt werden dürfen.

- Ich willige außerdem ein, dass in den Fällen der Rückgriffsverfahren nach § 110/11 Siebtes Sozialgesetzbuch (SGB VII) – oder §§ 116/119 SGB X – die angefallenen Gutachten, Krankheitsbefunde (Krankengeschichten) und Röntgenaufnahmen an den Rentenversicherungsträger und an Dritte herausgegeben und von ihnen eingesehen und verwertet werden.

- *Hinweis: Für die Entbindung von der ärztlichen Schweigepflicht ist die Unterschrift der/des Rentenberechtigten erforderlich. Bei fehlender Einsichtsfähigkeit/Einwilligungsfähigkeit der betreuten Person bitte weiter bei Ziffer 10.2.*

Ort, Datum und Unterschrift

Selbsteinschätzungsbogen R0215 – Die Fragen

Angaben zur Person
- *Welche gesundheitlichen Probleme belasten Sie gegenwärtig besonders?*
- *Ist Ihre derzeitige oder zuletzt ausgeübte berufliche Tätigkeit durch Ihre gesundheitlichen Beschwerden beeinträchtigt?*
- *Was lässt sich nach Ihrer Einschätzung an Ihren Arbeitsbedingungen ändern?*
- *Glauben Sie, dass sich Ihr Gesundheitszustand bessern wird, so dass Sie weiter oder wieder beruflich tätig sein können?*
- *Sofern für Sie eine Rehabilitation in Frage kommt: Welche Wünsche und Erwartungen haben Sie an eine Rehabilitation?*
- *Wünschen Sie Unterstützung bei:*
  - *Bluthochdruck, Zuckerkrankheit, Gewichtsproblemen, Stress, Alkoholproblem, Nikotinproblem, Sonstiges*

- *Gibt es weitere Erkrankungen bzw. Behinderungen, die für Sie von Bedeutung sind?*
- *Über Ihre gesundheitlichen Beschwerden hinaus: Sind Sie durch irgendetwas besonders belastet?*
- *Uns interessiert, welche Erfahrungen Sie in den letzten 2 Jahren mit Behandlungen gemacht haben. Welche Behandlungen haben ihnen gut geholfen?*
- *Gab es in den letzten 2 Jahren Tage, an denen Sie sich arbeitsunfähig gefühlt haben und Sie trotzdem arbeiten gegangen sind?*
- *Zum Schluss noch eine allgemeine Frage: Wie schätzen Sie im Großen und Ganzen Ihren derzeitigen Gesundheitszustand ein?*

Ort, Datum und Unterschrift"

Fazit:

Wie Sie in der Einwilligungserklärung unschwer feststellen können, sind Sie spätestens nach Unterzeichnung dieser für die Rentenversicherung ein fast gläserner Mensch bzw. Patient. Und da Sie mit dieser Erklärung auch der Weitergabe Ihrer persönlichen Krankheitsdaten an andere Sozialleistungsträger zustimmen, wissen alle relevanten Ämter und Stellen über Ihre Krankheiten Bescheid. Sie können dem theoretisch zwar widersprechen, dann kann Ihnen aber wegen mangelnder Mithilfe Ihr Antrag gleich abgelehnt werden.

Deshalb ist es von so enormer Wichtigkeit, dass Sie schon lange vor Rentenantrag mit einer perfekten Planung beginnen und die richtige Reihenfolge einhalten. Überlassen Sie nichts dem Zufall. Planen Sie jeden einzelnen Arztbesuch, besprechen Sie mit Ihren behandelnden Ärzten, was genau im Arztbefund stehen soll (Diagnosen, Verdacht auf Erkrankungen, Auswirkungen und Beeinträchtigungen, Schmerzen, Verordnungen von Kuren, KG, Medikamenten usw.). Das gleiche natürlich mit Reha-Berichten und Krankenhausbefunden usw. Ist etwas für Sie ungünstig oder entspricht nicht den Tatsachen, bitten Sie sofort um eine Korrektur des Befundes.

Denn Sie müssen sich bewusst darüber sein, wenn Ihre behandelnden Ärzte Arztbefunde von Ihnen in der Krankenakte haben, auch von anderen Fachärzten, Kliniken etc., kann der Rentenversicherungsträger diese auch anfordern. Da hilft es Ihnen dann nichts, wenn Sie nur die für Ihre Zwecke hilfreichen guten Arztbriefe eingereicht haben. Sollten solche für Sie wenig hilfreichen Arztbefunde bei Ihren behandelnden Ärzten existieren, bitten Sie den jeweiligen Arzt eindringlich darum, diese für Sie nicht guten Arztbefunde **nicht** an die Rentenversicherung zu schicken.

Es liegt natürlich auch an Ihnen, welche Ärzte Sie im Antrag angeben bzw. welche Arztbefunde Sie einreichen. Sie dürfen nicht lügen, aber Ärzte verschweigen. Sie sollen nur Ärzte angeben, die über Ihren Gesundheitszustand Auskunft geben können.

17

Der Gutachter der Rentenversicherung bestellt Sie zur Untersuchung ein:

Jetzt heißt es aufpassen und keine Fehler machen

Etwa 1 Woche, nachdem die Rentenversicherung Ihnen angekündigt hat, dass sie einen Gutachter mit Ihrer Untersuchung beauftragt hat, wird sich dieser Arzt mit einem Schreiben (Briefkopf der Rentenversicherung) bei Ihnen melden und Ihnen genau mitteilen, was für Unterlagen Sie zum Begutachtungstermin mitbringen müssen. Auch ist ein Beiblatt vollständig auszufüllen. Was da verlangt wird, habe ich Ihnen folgend aufgezählt.

Im Brief der Deutschen Rentenversicherung steht folgendes:

„Sehr geehrter Versicherter,
um über Ihren Rentenanspruch entscheiden zu können,
haben wir heute den o.g. Arzt beauftragt, ein Gutachten
über Ihren Gesundheitszustand abzugeben. Er wird Sie
zur Untersuchung auffordern. Wir bitten Sie höflich, der
Aufforderung des Arztes zur Untersuchung pünktlich zu

folgen oder dem Gutachter unverzüglich etwaige Hinderungsgründe mitzuteilen. Die Kosten der Untersuchung tragen wir in voller Höhe.

Die für die ärztliche Untersuchung anfallenden Fahrtkosten werden für den Weg vom Wohnort zum Untersuchungsort und zurück erstattet. Gegen Vorlage der Fahrausweise/-karten erstatten wir Ihnen die Kosten…………
Die Erstattung der Fahrkosten bitten wir unter Verwendung des beiliegenden Vordrucks zu beantragen. Der Vordruck ist dem Gutachter zur Bestätigung der Durchführung der ärztlichen Untersuchung vorzulegen.

Sollten Sie inzwischen Ihren Wohnsitz geändert haben bzw. sich zurzeit an einer anderen als der von Ihnen genannten Anschrift aufhalten, …………………………bitten wir uns dies mitzuteilen und unseren Gutachter nicht aufzusuchen. Sie erhalten dann von uns weitere Nachricht.
Auf den untenstehenden Auszug des Ersten Buches des Sozialgesetzbuches wird hingewiesen.

Mit freundlichen Grüßen"

Das Beiblatt, welches Sie ausgefüllt zum Gutachter mitbringen müssen, beinhaltet folgende Fragen:

Name

Beruflicher Werdegang

Letzte Tätigkeit

Krankengeschichte

Hauptbeschwerden

Behandelnde Ärzte

Medikamente

Hier geben Sie bitte dem Arzt so viel wie möglich an. Gerade die Punkte Krankengeschichte und Hauptbeschwerden sollten Sie sehr ausführlich ausfüllen, geben Sie alle behandelnden Ärzte an. Unter Medikamente geben Sie alle an, die auch in Ihren diversen Arztberichten aufgezählt sind und die Sie einnehmen.

Auch zu einem Absetzen von Medikamenten vor einer Begutachtung ist auf gar keinen Fall anzuraten, da immer häufiger Blutproben entnommen werden um nachzuweisen, ob die verordneten Medikamente auch genommen werden (Blutspiegeluntersuchung).

<u>Das Schreiben des Gutachters könnte so aussehen:</u>

Sehr geehrter Patient,

der Rentenversicherungsträger hat mich beauftragt, Sie ärztlich zu untersuchen. Ich bitte Sie daher, den nachfolgend genannten Termin wahrzunehmen und diese Mitteilung und Ihren Personalausweis mitzubringen.

Es folgen eine Terminangabe mit Datum und Uhrzeit sowie der Stempel der Arztpraxis mit der Adresse.

Um Verzögerungen in der Bearbeitung Ihres Antrages und auch um Doppeluntersuchungen zu vermeiden, bitte ich Sie, die in Ihrem oder im Besitz Ihrer behandelnden Ärzte befindlichen Unterlagen (Röntgenbilder, EKG-, Röntgen- und Laborbefunde, Befundberichte weiterer Ärzte, Krankenhaus- oder Rehabilitationsentlassungsberichte und Ähnliches mehr) mitzubringen und mir zur Einsichtnahme vorzulegen. Diese Vorladung soll jedoch nicht Anlass für Ihre behandelnden Ärzte sein, neue Befunde und Untersuchungen eigens für die bevorstehende Begutachtung zu erstellen.
Bringen Sie bitte eine Aufstellung der von Ihnen zurzeit eingenommenen Medikamente oder die Medikamente selbst mit und ggf. Ihre Brille; da dies für die Begutachtung von Bedeutung sein könnte.
Kosten für die Anfertigung von Fotokopien oder sonstige Auslagen durch Ihren behandelnden Arzt können vom Rentenversicherungsträger nicht übernommen werden.

Wenn Sie zu der Untersuchung morgens bestellt werden, bitte ich Sie, wegen der eventuell noch notwendigen Laboruntersuchung nüchtern zu erscheinen.

Sollten Sie verhindert sein, bitte ich Sie, mir dieses unverzüglich mitzuteilen und die Gründe und die Dauer der Verhinderung anzugeben. Wenn Sie inzwischen Ihren Wohnsitz geändert haben oder sich zurzeit an einer anderen als der von Ihnen genannten Anschrift aufhalten oder andere Umstände (z.B. Transport mit Krankenwagen oder Taxi oder notwendige Begleitperson) Ihre Anfahrt zur Untersuchung erheblich verteuern, bitte ich Sie, Ihren Rentenversicherungsträger und mich zu informieren. Bitte suchen Sie mich dann nicht auf und warten weitere Nachricht vom Rentenversicherungsträger ab.
Mit freundlichen Grüßen

Hier gebe ich Ihnen noch einige wertvolle Tipps für Ihr Verhalten im Rahmen von Begutachtungsterminen.

Die Vorbereitung

Sie müssen den Gutachter vollständig informieren, es ist vorteilhaft, wenn Sie einen ausführlichen „Spickzettel" (glaubhafte Beschreibungen ohne Dramatisierungen) und evtl. ein Krankheits- bzw. Schmerztagebuch dort abgeben (chronologische Entwicklung der Krankheiten mit Intensität/Stärke, auch „Kleinigkeiten", sofern sich diese auf die Resterwerbsfähigkeit auswirken) und Krankenhausaufenthalte (stationär und teilstationär oder ambulante OP's) in tabellarischer Kurzform. Relevant sind grundsätzlich die Funktionseinschränkungen und die Auswirkungen auf die Resterwerbsfähigkeit.

Wichtig hierbei:

- Einflussnahme der Krankheiten auf die Erwerbsfähigkeit und auf das Leben, auch auf die Leistungsfähigkeit in Haushalt, Garten und täglichem Leben angeben (wer mehrere Stunden täglich im privaten Bereich tätig sein kann – z.B. kilometerweites Radfahren, tägliches Reiten, Arbeiten im Haushalt -, leidet offensichtlich nicht unter einem stark gemindertem Leistungsvermögen).
- Häufige Pausen, die bei der Hausarbeit nötig sind, unbedingt angeben (z.B. nach jedem gebügelten Hemd 20 Minuten Ruhepause nötig)
- Gegenüberstellung der Tätigkeit, die Sie früher ausführen konnten und jetzt nicht mehr (Grund, warum jetzt nicht mehr!)
- Einschränkungen, die für Sie schon „normal" geworden sind, für einen Gesunden aber keineswegs normal wären, aufführen.
- Relevant sind nur Einschränkungen, die durch Ihre Krankheit/en kommen (Lärm auf der Straße, schreiende Kinder, Überlastung durch Familie etc. interessiert nicht für die Rente)
- Müssen Sie zur Maniküre/Pediküre gehen, weil Sie dies nicht mehr selbst können, so notieren Sie dies auch.

Gutachtergespräch/Untersuchung

Können Sie einem Gespräch mit einem Gutachter aufmerksam, konzentriert und ohne falsche Antworten über einen längeren Zeitraum folgen, lässt dies Rückschlüsse auf eine gute Konzentrationsfähigkeit und auf einen guten „Energievorrat" zu, d.h. Sie leiden offenbar nicht unter Konzentrationsstörungen und ermüden auch nicht schnell.

„Zusammenreißen" bringt hier ein falsches Bild, das können Sie im Alltag/Beruf auch vermutlich nicht durchhalten.

Auch das beliebte Spazieren gehen lässt Rückschlüsse auf die Restleistungsfähigkeit zu, ebenso Auto und Fahrrad fahren. Wenn Sie jeden Tag zwei Stunden spazieren gehen, sich aber alle 15 Minuten irgendwo hinsetzen müssen zum Ausruhen, dann muss dies auch so gesagt werden. Falsch ist in diesem Fall: „Ich gehe jeden Tag zwei Stunden spazieren". Richtig ist z.B.: „Wenn ich für höchstens zwei Stunden spazierten gehen kann, dann muss ich mich alle Viertelstunde hinsetzen und ausruhen. Auch kann ich nur noch langsam laufen und schaffe höchstens noch 400 Meter am Stück". (Gleiches gilt für Spaziergänge mit dem Hund).
Falls Sie nur noch mit Begleitung Auto fahren können, sagen Sie dies unbedingt auch.

War der Freundeskreis früher groß und ist er es jetzt nicht mehr, weil Sie aus gesundheitlichen Gründen nicht mehr an den verschiedenen Aktivitäten teilnehmen können, muss man auch dieses ansprechen. Die schleichend-wachsende soziale Isolation ist für jeden Richter und Gutachter ein Indiz für vorhandene gesundheitliche Probleme.

Würden Sie zu einem Untersuchungstermin sehr gepflegt erscheinen, mit perfekt sitzender Frisur, gediegen angezogen, jugendlichem gebräunten Äußerem und mit sicherem und durchsetzungsfähigem Auftreten, ist der erste Eindruck auf den Gutachter (auf jeden, der Sie sieht) eher gesund und nicht krank.
Wenn Sie permanent mit Schmerzen leben müssen und zu einer Gerichtsverhandlung oder zu einem Gutachtenstermin usw. geladen werden, extra vor diesem Termin ein Schmerzmittel nehmen würden und dann während des ganzen Termins keine Schmerzen erkennen lassen, ergibt sich hieraus ein falsches Bild. Sie dürfen und sollen während einer Sozialgerichtsverhandlung, während eines Gutachtenstermins usw. Ihre Schmerzen in angemessener Weise zeigen, die Sitzhaltung wechseln und um Pausen bitten, um sich bewegen zu können.

Auch zu einem Absetzen von Medikamenten vor einer Begutachtung ist auf gar keinen Fall anzuraten, da immer häufiger Blutproben entnommen werden, um nachzuweisen, ob die verordneten Medikamente auch genommen werden (Blutspiegeluntersuchung).

Ein Gutachter beobachtet Sie in der Regel nicht nur während der Untersuchung, sondern auch in Situationen, in denen Sie sich unbeobachtet fühlen (beim Betreten/Verlassen des Zimmers, auf der Straße nach Verlassen des Gebäudes etc.), das heißt wenn Sie z.B. während der Begutachtung über Rückenschmerzen klagen und sich nicht gerade hinstellen können, aber in der scheinbar unbeobachteten Situation kerzengerade gehen, so lässt dies Rückschlüsse zu. Auch hier gilt wieder: „Zusammenreißen" bringt ein falsches Bild.

Ein Stock, der als Gehhilfe mitgebracht und permanent benutzt wird, sollte auch Abnutzungserscheinungen zeigen (es gibt Gutachter, die das überprüfen!)

Wer unter häufigen Durchfällen leidet, während einer 3-stündigen Untersuchung aber kein einziges Mal die Toilette aufsuchen muss, wirkt unglaubwürdig.

Der Bescheid der Rentenversicherung ist da...

18

Die Rentenversicherung hat über Ihren Antrag entschieden: Erwerbsminderungsrente genehmigt oder abgelehnt?

Sie haben eine nicht einfache Zeit hinter sich: Die Phase der Antragstellung, die vielen Arztbesuche, mit Sicherheit auch die Vorstellung beim Gutachter der Rentenversicherung, evtl. eine Rehabilitationsmaßnahme und endloses Ausfüllen von Formularen. Dazu vielleicht noch Stress am Arbeitsplatz, dauernde Schmerzen, gesundheitliche Beeinträchtigungen und viele Krankschreibungen.

Da wird der Entscheid über die beantragte Erwerbsminderungsrente mit großer Ungeduld erwartet. Es gibt nur zwei Möglichkeiten, entweder Ihrem Antrag wurde entsprochen oder der Antrag wurde abgelehnt.

Wenn er genehmigt wurde, haben Sie großes Glück gehabt und wahrscheinlich Ihren Antrag sorgfältig geplant. Im ersten Bescheid wird Ihnen mit hoher Wahrscheinlichkeit die Erwerbsminderungsrente erst einmal nur befristet bewilligt werden, in der Regel sind das 2 Jahre.

Wurde der Antrag abgelehnt, ist das für Sie natürlich sehr frustrierend und enttäuschend, aber das passiert fast 50% aller Antragsteller. Jetzt erst mal tief durchatmen, die Begründung für die Ablehnung genauestens prüfen, ob der Rentenversicherungsträger evtl. Fehler gemacht hat in Form von Arztbefunden, die nicht oder nicht ausreichend gewürdigt wurden oder schlicht übersehen worden sind. Sie haben jetzt vier Wochen Zeit für den Widerspruch und noch einmal viel Arbeit vor sich. Musterbriefe für einen Widerspruch habe ich Ihnen in Kapitel 19 vorgegeben, suchen Sie sich einfach die Version aus, die Ihnen am besten gefällt.

Erfahrungsgemäß würde ich Ihnen raten, in der Zeit der Antragstellung (selbst wenn Sie bereits viele Arztbefunde gesammelt haben), die sich doch einige Monate hinziehen wird, auch noch viele verschiedene Ärzte, Fachärzte, Schmerzambulanzen, Kliniken für evtl. anstehende ambulante Operationen oder Behandlungen aufzusuchen und sich im Anschluss natürlich <u>immer</u> einen sehr ausführlichen und aussagekräftigen Arztbericht geben zu lassen. Jetzt können Sie zu Ihren diversen behandelnden Ärzten auch ganz offen sein und sagen, dass Sie die Arztbriefe für die Rentenversicherung benötigen, weil sie wegen Ihres angeschlagenen Gesundheitszustandes einen Antrag auf Erwerbsminderungsrente gestellt haben. Bitten Sie Ihre Ärzte ganz direkt um Unterstützung und Hilfe. Auch wäre es sehr positiv, wenn Ihr Hausarzt und vielleicht auch noch ein Facharzt, bei dem Sie waren, Ihnen ein Schreiben für die Rentenversicherung aufsetzen und bestätigen würde, dass Sie nicht mehr arbeitsfähig sind und die Erwerbsminderungsrente für Sie gerechtfertigt wäre.

Auch kann es nicht schaden, bei Schmerzen und Problemen mit den Gelenken, wenn Sie sich z.B. nochmal Massagen/Physiotherapie verordnen ließen; bei psychischen Problemen einen Psychologen/Psychiater/Nervenarzt aufsuchen und sich einschlägige Medikamente verschreiben lassen und vielleicht bei Bedarf auch eine Gesprächstherapie. Ihren Orthopäden oder Hausarzt können Sie nochmal nach einer erneuten Rehabilitationsmaßnahme fragen.

All diese neuen Befunde und Bescheinigungen etc., die dem Rentenversicherungsträger noch nicht bekannt sind, können sich im Falle einer evtl. Ablehnung Ihres Rentenantrages als sehr hilfreich und positiv für Sie auswirken. Zeigt es der Rentenversicherung doch, dass Sie auch nach Antragstellung der Rente, wo Sie bereits viele Arztberichte eingereicht hatten, weiter krank und behandlungsbedürftig sind.

Sollten Sie also einen ablehnenden Bescheid erhalten, haben Sie gleich weitere Unterlagen, die Sie mit Ihrem Widerspruch zusammen einreichen können.

19

Positiver Bescheid für die Erwerbsminderungsrente: So könnte Ihr Bescheid aussehen

Wenn Sie am Ziel sind und der ersehnte positive Rentenbescheid endlich da ist, erhalten Sie mit dem Schreiben oft noch einen ordentlichen Stapel an Papieren. Im Inhaltverzeichnis der Anlagen sind meistens als Bestandteil enthalten:

- Berechnung der Rente
- Versicherungsverlauf Entgeltpunkte für Beitragszeiten
- Entgeltpunkte für beitragsfreie und beitragsgeminderte Zeiten
- Berechnung der persönlichen Entgeltpunkte
- Hinzuverdienstgrenzen
- Zuschlag an Entgeltpunkten

Was ist dem Bescheid außerdem beigefügt?

- Ausweis für Rentnerinnen und Rentner
- Ihr Recht – Widerspruchsbelehrung

„Deutsche Rentenversicherung

Herrn

……………………………

Rentenbescheid

Sehr geehrter Herr ……..

auf Ihren Antrag vom ………… erhalten Sie von uns Rente wegen voller Erwerbsminderung.

Die Rente beginnt am (Datum)
Sie ist befristet und endet mit dem (Datum)
Sie wird für die Zeit ab dem (Datum) laufend monatlich gezahlt. Die Rente für den jeweiligen Monat wird am Monatsende ausgezahlt.
Höhe der laufenden Zahlung
Monatliche Rente ab dem (Datum)
Beitragsanteil des Rentners zur Krankenversicherung
Zusatzbeitrag zur Krankenkasse
Beitrag des Rentners zur Pflegeversicherung
Monatlicher Zahlbetrag
Nachzahlung
Für die Zeit vom (Datum) bis zum (Datum) beträgt die Nachzahlung

Zahlungsweg
Die monatliche Zahlung wird auf das angegebene Konto überwiesen."

20

Volle oder nur teilweise Erwerbsminderungsrente? Was ist für Sie möglich?

Wenn Sie wegen Krankheit oder Behinderung noch mindestens drei, aber nicht mehr als sechs Stunden am Tag arbeiten können, erhalten Sie eine Rente wegen teilweiser Erwerbsminderung. Dies gilt nicht nur in Ihrer, sondern in allen Tätigkeiten.
Der Versicherte muss mindestens fünf Jahre lang in der gesetzlichen Rentenversicherung versichert gewesen sein, bevor die Erwerbsminderung eingetreten ist. In den letzten fünf Jahren vor Eintritt der Erwerbsminderung müssen drei Jahre lang Pflichtbeiträge für eine versicherte Beschäftigung oder Tätigkeit belegt sein.

Wenn Sie wegen Krankheit oder Behinderung auf nicht absehbare Zeit außerstande sind, unter den üblichen Bedingungen des Arbeitsmarktes nicht mindestens drei Stunden täglich erwerbstätig zu sein, liegt bei Ihnen eine volle Erwerbsminderung vor und Sie erhalten eine Rente wegen voller Erwerbsminderung.

Was ist möglich?

Das hängt ganz von Ihrer Gesundheit ab und davon, wie gut und ausführlich Ihre Arztbefunde sind. Wenn Sie dauerhaft Beschwerden, Schmerzen und körperliche und/oder psychische Beeinträchtigungen haben, ist es immer auch Auslegungssache, wie Ihre behandelnden Ärzte Ihren Gesundheitszustand beurteilen werden. Wenn Sie die volle Erwerbsminderungsrente haben wollen, weil Sie sich außerstande sehen, länger als 3 Stunden täglich einer Arbeitstätigkeit nachzugehen, müssen Sie Ihre behandelnden Ärzte einfach davon überzeugen. Sprechen Sie ganz offen mit Ihren Ärzten, dass sich Ihre Beschwerden kontinuierlich weiter verschlechtert haben, dass Sie vielleicht dauernd Schmerzen haben, nur noch ganz kurze Wege zu Fuß zurücklegen können usw. Wenn Ihre Ärzte auf Ihrer Seite sind und dies auch so in den Arztbriefen, die sehr ausführlich sein müssen (siehe Kapitel 4) beschreiben, stehen Ihre Chancen ganz gut.

Gerade bei chronischen Schmerzzuständen hat sich auch der Besuch einer mehrwöchigen Schmerzambulanz/Schmerztagesklinik, die es in vielen Städten gibt, sehr gut bewährt. In der Schmerztagesklinik werden Sie in der Regel teilstationär (Besuch von morgens bis nachmittags) aufgenommen. Es werden hier bevorzugt Gespräche mit Psychologen und Sozialpädagogen sowie Anwendungen und Kunsttherapie etc. angeboten. Sie benötigen in der Regel eine Überweisung von einem Schmerztherapeuten/Hausarzt.

21

Ablehnung: Musterbriefe und Tipps für den Widerspruch
Infos Widerspruchsverfahren

Wenn Sie den Rentenbescheid auf Ihren Antrag auf die Erwerbsminderungsrente erhalten und mit dem Ergebnis nicht einverstanden sind, können Sie einen Widerspruch dagegen einreichen. Aus dieses Rechtsmittel weist die Rentenversicherung im Bescheid auch hin, und zwar durch die sogenannte Rechtsbehelfsbelehrung. Dort steht, innerhalb welcher Frist und wo Sie Widerspruch einlegen können. In aller Regel müssen Sie den Widerspruch an die Stelle richten, die den Bescheid erlassen hat. Dafür haben Sie vier Wochen lang Zeit. Für den Widerspruch gibt es kein spezielles Formular. Stattdessen setzen Sie Ihr eigenes Schreiben auf, denn der Widerspruch muss schriftlich erfolgen.

Es reicht im Grunde genommen aus, wenn Sie im Widerspruchsschreiben Ihren Namen, Ihre Anschrift, Ihre Versicherungsnummer und das Aktenzeichen angeben und erklären, dass Sie hiermit Widerspruch einlegen. Sie sollten diesen Widerspruch ausführlich begründen und genau erläutern, warum Sie die Entscheidung für falsch halten. Dadurch nennen Sie der Rentenversicherung neue Aspekte und weitere Informationen, die sie bei ihrer Prüfung berücksichtigen kann.

<u>Tipp:</u> Manchmal reichen vier Wochen nicht aus, um eine schlüssige Widerspruchsbegründung zu formulieren. Möglicherweise warten Sie noch auf Unterlagen, möchten sich mit einem Anwalt oder einem Sozialverband besprechen oder brauchen mehr Zeit, um relevante Informationen zusammenzutragen. In diesem Fall können Sie zunächst nur Widerspruch einlegen, um die Frist zu wahren. Ihre Begründung und evtl. zusätzliche Unterlagen können Sie dann später noch nachreichen.

Ich zeige Ihnen hier einige unterschiedliche Vorschläge für Ihr Widerspruchsschreiben an, Sie müssen einfach entscheiden, welche Formulierung Ihnen am ehesten zusagt. Sie können die verschiedenen Bausteine auch gerne kombinieren. Sie suchen sich einfach je einen Text von Abschnitt 1 sowie einen aus Abschnitt 2 aus und machen selbst ein Schreiben daraus.

1. Abschnitt

Sehr geehrte Damen und Herren,

- Am (Datum) habe ich Ihren Bescheid, erlassen am (Datum) erhalten. Mit der darin getroffenen Entscheidung bin ich jedoch nicht einverstanden. Daher lege ich hiermit zunächst fristwahrend Widerspruch ein.

- Ihr Bescheid wegen meines Antrags auf Erwerbsminderungsrente ist mir am (Datum) zugegangen. Da ich mit dem Inhalt nicht einverstanden bin, mache ich hiermit von meinem Widerspruchsrecht Gebrauch.

- Ihren am (Datum) erlassenen Bescheid wegen Antrag auf Erwerbsminderungsrente habe ich am (Datum) erhalten. Mit Ihrer Entscheidung bin ich jedoch nicht einverstanden. Deshalb mache ich hiermit von meinem Recht, Widerspruch einzulegen, Gebrauch.

- Mit Bescheid vom (Datum) erklären Sie, dass Sie meinen Antrag auf die Erwerbsminderungsrente ablehnen. Gegen den genannten Bescheid lege ich hiermit Widerspruch ein.

- Hiermit mache ich von meinem Widerspruchsrecht Gebrauch und widerspreche Ihrem Bescheid vom (Datum) der mir am (Datum) zugegangen wurde.

- Hiermit lege ich Widerspruch gegen Ihren Bescheid vom (Datum), mir zugegangen am (Datum), ein. Mit dem genannten Bescheid teilen Sie mir mit, dass meinem Antrag auf Erwerbsminderungsrente vom (Datum) nicht entsprochen werden kann.
  Mit dieser Entscheidung bin ich aus folgenden Gründen nicht einverstanden: (Erklären Sie, warum die Entscheidung aus Ihrer Sicht falsch ist; gehen Sie dabei auf die Gründe ein, die im Bescheid genannt sind, und nennen Sie

Gegenargumente; bleiben Sie dabei aber sachlich und versuchen Sie, schlüssig und plausibel zu argumentieren.)
Ich beantrage daher die nochmalige Prüfung und bitte um eine erneute Entscheidung in dieser Sache.

Mit freundlichen Grüßen

2. Abschnitt

- Die Widerspruchsbegründung geht Ihnen in einem separaten Schreiben zu.

- Die schriftliche Begründung meines Widerspruchs lasse ich Ihnen in Kürze zukommen.

- Mit der weiteren Wahrnehmung meiner rechtlichen Interessen werde ich Herrn/Frau Anwalt/Sozialverband betrauen. Von dort erhalten Sie weitere Nachricht.

- Begründen möchte ich meinen Widerspruch wie folgt: In dem genannten Bescheid sind mir folgende Fehler aufgefallen: Meine dem Rentenantrag beigelegten Arztbefunde von Herrn Dr. (Name) wurden nicht berücksichtigt. Die Begründung meines mich betreuenden Arztes in der Rehabilitationsmaßnahme vom (Datum) bis zum (Datum) wurde m. E. nicht ausreichend gewürdigt. Ich bitte darum, über meinen Antrag nach ausführlicher Prüfung meines Antrags auf die Erwerbsminderungsrente nochmals zu entscheiden.

Bitte lassen Sie diejenigen Stellen im Text weg, die bei Ihnen nicht zutreffen.

Wenn Ihr Widerspruch (per Einschreiben!) eingegangen ist, beginnt das sogenannte Widerspruchsverfahren. Dabei wird die Angelegenheit erneut geprüft. Sofern notwendig, holt die Rentenversicherung dazu auch weitere Unterlagen und Stellungnahmen ein oder veranlasst eine Untersuchung durch den Ärztlichen Dienst oder einen Gutachter.

Ergibt die Prüfung, dass Ihr Widerspruch berechtigt war, erlässt die Rentenversicherung einen Abhilfebescheid. Dadurch gibt Ihnen die Rentenversicherung in allen Punkten Recht. Hält die Rentenversicherung Ihren Widerspruch zwar für berechtigt, stimmt Ihnen aber nur teilweise zu, ergeht ein Teilabhilfebescheid.

Stellt die Rentenversicherung fest, dass Ihre Entscheidung richtig war und der Bescheid unverändert beibehalten werden soll, gibt sie Ihren Widerspruch an die Widerspruchsstelle weiter. Dort prüft ein Widerspruchsausschuss, in dem die Rentenversicherung, Versicherte und Arbeitgeber vertreten sind, die Angelegenheit. Kommt auch die Widerspruchsstelle zu dem Ergebnis, dass es an dem Bescheid nichts zu beanstanden gibt, wird Ihr Widerspruch zurückgewiesen. Diese Entscheidung wird Ihnen mit den Gründen dafür durch einen Widerspruchsbescheid mitgeteilt. Das Widerspruchsverfahren ist damit abgeschlossen.

Gegen den Widerspruchsbescheid steht Ihnen als Rechtsmittel die Klage vor dem Sozialgericht zur Verfügung. Um Ihre Klage zu erheben, haben Sie einen Monat lang Zeit. An welches Sozialgericht Sie sich wenden müssen, steht in der Rechtsbehelfsbelehrung auf dem Widerspruchsbescheid. Bei einem Verfahren vor dem Sozialgericht entstehen Ihnen keine Gerichtskosten und Sie brauchen auch keinen Anwalt. Trotzdem kann es sinnvoll sein, wenn Sie sich zumindest juristisch beraten lassen. Weist das Gericht Ihre Klage ab oder entscheidet das Gericht zu Gunsten der Rentenversicherung, können Sie Berufung einlegen. Voraussetzung dafür ist aber, dass das Sozialgericht eine Berufung zugelassen hat. Genauso kann natürlich die Rentenversicherung Berufung einlegen, wenn das Gericht Ihnen Recht gegeben hat. Berufung müssen Sie in der nächsten Instanz einlegen, dies ist in diesem Fall das Landessozialgericht. Auch vor dem Landessozialgericht können Sie sich selbst vertreten. Spätestens jetzt sollten Sie aber einen Anwalt oder Rentenberater einschalten.

In den meisten Fällen ist das Verfahren mit der Entscheidung des Landessozialgerichts beendet. Es sei denn, die Revision wurde zugelassen. In diesem Fall würde es vor dem Bundessozialgericht weitergehen, wobei Sie hier einen Anwalt brauchen.

Info Prozesskosten

„Das Verfahren vor den Gerichten der Sozialgerichtsbarkeit ist in allen Instanzen und damit auch beim Bundessozialgericht für Bürgerinnen und Bürger, die als Versicherte, sonstige Leistungsempfänger oder als Menschen mit Behinderungen klagen (bzw. verklagt werden) grundsätzlich kostenfrei; ausgenommen hiervon sind Streitigkeiten betreffend überlange Gerichtsverfahren.

Sonstige Kläger und Beklagte haben für jede Streitsache eine pauschale Gebühr (für das Verfahren vor den Sozialgerichten: 150 Euro, vor den Landessozialgerichten: 225 Euro, vor dem Bundessozialgericht: 300 Euro) zu entrichten. Dies gilt auch, wenn die Entscheidung zu Ihren Gunsten ausgeht. Ein bedürftiger Beteiligter, der die Kosten des Rechtstreits nicht tragen kann, erhält auf Antrag Prozesskostenhilfe, wenn der Rechtstreit nicht mutwillig geführt wird und hinreichende Aussicht auf einen Prozesserfolg besteht."

22

Sind die Rentenabzüge bei der Erwerbsminderungsrente dauerhaft?

Früher war es möglich, bereits ab 63 Jahren die Erwerbsminderungsrente ohne Abschläge zu erhalten. Seit 2012 wird diese Altersgrenze von 63 Jahren für eine abschlagsfreie Rente schrittweise auf das 65. Lebensjahr angehoben. Ab dem Jahr 2024 kann die abschlagsfreie Rente wegen verminderter Erwerbsfähigkeit erst mit 65 Jahren in Anspruch genommen werden.

Aber: Wer vor Erreichen dieser Altersgrenze eine EM-Rente bezieht, muss Abschläge in Kauf nehmen – das heißt, dass anteilig etwas von der Rente abgezogen wird. Der Abschlag beträgt 0,3 Prozent pro Monat, den man vorzeitig in Rente geht. Maximal kann der Rentenabschlag 10,8 Prozent betragen. Wichtig zu wissen ist, dass der Abschlag auf die Rente lebenslang bestehen bleibt – auch bei der zukünftigen Altersrente!

Im Jahr 2019 gilt ein Alter von 64 Jahren und zwei Monaten hier als Referenzalter, aus dem die Abschläge bei vorzeitigem Rentenbeginn errechnet werden. Bei Eintritt der Erwerbsminderung in einem Alter von 61 Jahren und zwei Monaten und darunter wird demgemäß bei Rentenbeginn im Jahre 2019 ein Abschlag von 10,8 Prozent berechnet.

Als Ausgleich wurde die Zurechnungszeit ab Rentenbeginn 2019 nochmals verlängert. Die Zurechnungszeit gehört als beitragsfreie Zeit zu den rentenrechtlichen Zeiten. Sie wird bei
- einer Rente wegen Erwerbsminderung,
- einer Hinterbliebenenrente oder
- einer Erziehungsrente

zu den übrigen vom Versicherten tatsächlich zurückgelegten Zeiten hinzugerechnet.
Erwerbsgeminderte und auch Witwen/Witwerrentner sowie Erziehungsrentnerinnen und Erziehungsrentner wurden bei Eintritt ihres Versicherungsfalles bzw. bei Tod des Verstorbenen vor Vollendung des 62. Lebensjahres für die Rente so gestellt, als ob sie bzw. der/die Verstorbene mit ihrem bisherigen durchschnittlichen Verdienst bis zum 62. Geburtstag weitergearbeitet hätten (bei Rentenbeginn vor dem 1. Juli 2014: bis zum 60. Geburtstag). Lücken im Versicherungsverlauf vermindern jedoch ihre Bewertung. Zudem werden die letzten vier Jahre vor Eintritt der Erwerbsminderung jetzt für diese „Zurechnungszeit" nicht mehr mitbewertet, wenn dies für den Versicherten günstiger ist.
Mit dem Erwerbsminderungs-Leistungsverbesserungsgesetz vom 17.07.2017 (§ 253 a SGB VI) wurde die Zurechnungszeit für Neurentner ab 2018 stufenweise bis zur Vollendung des 65. Lebensjahres weiter verlängert. Bei Beginn der Rente oder Tod des/der Versicherten

- im Jahre 2018: auf 62 Jahre und drei Monate
- im Jahre 2019: auf 62 Jahre und sechs Monate
- im Jahre 2020: auf 63 Jahre und null Monate
- im Jahre 2021: auf 63 Jahre und sechs Monate
- im Jahre 2022: auf 64 Jahre und null Monate
- im Jahre 2023: auf 64 Jahre und sechs Monate
- im Jahre 2024: auf 65 Jahre und null Monate.

Nach dem RV-Leistungsverbesserungs- und Stabilisierungsgesetz vom 28.11.2018 wird das Ende der Zurechnungszeit für den Rentenbeginn 2019 nunmehr in einem Schritt auf ein Alter von 65 Jahren und acht Monaten ausgedehnt.

Bei Rentenbeginn in den Folgejahren wird die Zurechnungszeit stufenweise bis auf 67 Jahre (2031) verlängert. Damit sollen die Nachteile eines frühen Renteneintritts mit wenigen Versicherungsjahren ausgeglichen werden.

23

Steigt bei einer allgemeinen Rentenerhöhung auch meine Erwerbsminderungsrente? Wie hoch ist die Erwerbsminderungsrente?

Die jährliche Rentenanpassung betrifft alle Renten der gesetzlichen Rentenversicherung. Das heißt, dass neben der Regelaltersrenten auch die Erwerbsminderungsrente sowie die Witwen-/Witwerrenten zeitgleich von einer Rentenerhöhung profitieren.

Die Höhe der Erwerbsminderungsrente hängt mit dem Rentenanspruch zusammen, den man bisher erworben hat. Sie errechnet sich aus den persönlichen Entgeltpunkten des Versicherten, dem Rentenfaktor und dem aktuellen Rentenwert. In der Renteninformation, die von der Deutschen Rentenversicherung jährlich verschickt wird, wird über die Höhe der EM-Rente informiert. Die Rente wegen teilweiser Erwerbsminderung ist übrigens halb so hoch wie die volle Erwerbsminderungsrente.

24

Erhalte ich die Erwerbsminderungsrente dauerhaft oder befristet?

Wenn Sie auf Ihren Antrag bzw. Widerspruch einen positiven Bescheid erhalten, ist die erste Bewilligung für eine Erwerbsminderungsrente fast immer erst einmal befristet. Auch der zweite Bescheid kann noch einmal befristet werden. In der Regel wird dann aber der 3. Bescheid unbefristet genehmigt.

Wenn eine Erwerbsminderungsrente erst einmal nur befristet genehmigt wird, müssen Sie unbedingt einige Monate vor Ende des Ablaufs einen Folgeantrag stellen, da die Rente ansonsten eingestellt werden würde. Günstig ist es immer, wenn Sie dabei wieder neue Arztbefunde, Anwendungen, apparative Untersuchungen etc. vorweisen können. Diese Unterlagen sollten belegen können, dass sich Ihr Gesundheitszustand weiter verschlechtert hat und Ihnen auch eine eher schlechte gesundheitliche Prognose für die Zukunft geben.

Wenn also eher unwahrscheinlich ist, dass Ihre Arbeitsfähigkeit wieder hergestellt werden kann und Sie nur noch unter 3 Stunden pro Tag arbeitsfähig sind, kann die Erwerbsminderungsrente unbefristet gewährt werden.

Sollte sich Ihr Gesundheitszustand allerdings wieder bessern, kann Ihnen die Erwerbsminderungsrente auch wieder gekürzt oder ganz entzogen werden.

Wie kann der Rentenversicherungsträger darauf kommen, dass sich Ihr Gesundheitszustand evtl. wieder gebessert hat?

Entweder er schreibt Sie an und verlangt neue Nachweise in Form von ärztlichen Befunden, wie momentan der Stand Ihres gesundheitlichen Zustandes ist.

Oder Sie melden, während Sie eine Erwerbsminderungsrente erhalten, selbst einen erlaubten Nebenjob an. Sie dürfen einem Nebenerwerb nachgehen und der Verdienst ist bis zu einem bestimmten Freibetrag abgabefrei. Aber der Rentenversicherungsträger schaut natürlich mit Argusaugen darauf, was Sie für eine Nebentätigkeit ausüben und wie viele Stunden Sie arbeiten können. Daraus leitet er vielleicht zu Recht ab, gerade wenn der Nebenjob etwas anstrengend sein sollte, dass Sie ja auch wieder regulär arbeiten könnten. Vielleicht schickt er Sie sogar nochmal zum Vertrauensarzt und gibt ein neues Gutachten über Ihren aktuellen Gesundheitszustand in Auftrag. Alles ist hier möglich, deshalb seien Sie hier bitte sehr vorsichtig.

25

Wann bekomme ich meine Betriebsrente?

Die Betriebsrente bekommen Sie ab dem Zeitpunkt, wenn Ihrem Antrag auf Erwerbsminderung von der Rentenversicherung entsprochen wird. Wird die Erwerbsminderungsrente, was üblich ist, erst einmal für beispielsweise 2 Jahre befristet bezahlt, erhalten Sie auch die Betriebsrente für genau diesen Zeitraum befristet bewilligt. Allerdings dauert die Bearbeitung oft länger, die ausstehende Betriebsrente bekommen Sie dann für einige Monate nachbezahlt.

Wird Ihre Erwerbsminderungsrente unbefristet genehmigt, so teilen Sie dies bitte umgehend Ihrer Versicherung in Form einer Kopie des Rentenbescheids mit. Sie erhalten dann die Betriebsrente ab dem Datum ebenfalls unbefristet.

Der Dienstleister, von dem Sie die Betriebsrente bezahlt bekommen, benötigt vor einer Zahlung an Sie vom Arbeitgeber oft noch Bescheinigungen wie z.B., dass Sie nicht mehr dort beschäftigt sind etc. Damit hat Ihr ehemaliger Arbeitgeber auch die Information, dass Sie jetzt eine Erwerbsminderungsrente erhalten werden. Manchmal verlangt er auch eine Kopie des Rentenbescheids der Rentenversicherung sowie des Bescheids für die Betriebsrente, was Sie ihm aber nicht aushändigen müssen. Ihren ehemaligen Arbeitgeber geht die Höhe Ihrer Rente nämlich überhaupt nichts an.

Auch für seine Unterlagen müssen Sie ihm diese Info nicht mehr geben, denn es ist nicht mehr Ihr Arbeitgeber. Relevant für ihn ist nur der Beginn der Rente. Wenn es Probleme geben sollte, informieren Sie sich bitte genau bei den verschiedenen Beratungsstellen.

Die Antragstellung der Betriebsrente ist relativ einfach und problemlos, da sich diese Rente daran orientiert, ob Sie eine Altersrente oder Erwerbsminderungsrente erhalten. Wenn dies der Fall ist, wird Ihnen automatisch und zeitgleich auch die Betriebsrente überwiesen werden. Sie müssen nur mit einem Rentenbescheid nachweisen können, dass Sie diese Rente bewilligt bekommen haben.

<u>Ein Antrag für die Betriebsrente könnte so aussehen:</u>

Beispiel eines anonymisierten Formulars:

Antrag auf Betriebsrente für Versicherte
wegen Erwerbsminderung oder wegen Alters

Versicherungsnummer ……………………………..
Angaben zum Versicherten
Name und Adresse

Antragstellung durch eine andere Person
Bevollmächtigten/Betreuer

Bankverbindung

Angaben zur gesetzlichen Rentenversicherung
Eine Rente von der Deutschen Rentenversicherung
- Ist bewilligt; eine Kopie des Rentenbescheids mit allen Anlagen liegt bei
- Ist beantragt; eine Kopie des Rentenbescheids mit allen Anlagen wird nachgereicht
- Wird wegen Befreiung zugunsten anderer Versorgungswerke (z.B. Ärzte-, Architekten-, Ingenieurversorgung) nicht beantragt.
Bitte fügen Sie eine Kopie des Befreiungsbescheids bei.

Allgemeine Angaben
Beantragen Sie die Berücksichtigung von Mutterschutzzeiten, die Sie während der Pflichtversicherung bei einer Zusatzversorgungskasse zurückgelegt haben?

Dann möchte die Zusatzversorgung, die Ihre Betriebsrente bezahlt, auch noch wissen:

Anlage 3 zum Antrag auf Betriebsrente (Krankengeld)
- Angaben zur Antragstellerin/Antragsteller
- Angaben zum Krankengeldbezug

Hinweise
Beim Bezug von Krankengeld ruht die Betriebsrente

Ein positiver Bescheid für die Betriebsrente (befristet und unbefristet) könnte so aussehen:

Zusatzversorgung für Herrn ....
Rentenfestsetzung

Sehr geehrter Herr (Name),

Sie haben ab dem (Datum) Anspruch auf Rente wegen voller Erwerbsminderung.
Die Betriebsrente ist befristet bis zum (Datum).

Für die Zeit vom (Datum) bis (Datum) erhalten Sie eine Nachzahlung in Höhe von €............. Der Betrag wird zum (Datum) zusammen mit der laufenden Zahlung überwiesen.

Für die Überweisung verwenden wir folgendes Konto:

_____

Zusatzversorgung für Herrn ....
Weitergewährung der Rente auf Dauer

Sehr geehrter Herr ....,

aufgrund des Rentenbescheides der gesetzlichen Rentenversicherung vom (Datum) erhalten Sie nunmehr auch aus der Zusatzversorgung eine Rente auf Dauer.

Mit freundlichen Grüßen

26

Wann erhalte ich die reguläre Altersrente?

Zunächst ist für Sie persönlich Ihre Renteninformation ausschlaggebend. Diese wird regelmäßig an die Versicherten geschickt und gibt Auskunft darüber, mit welcher Rentenhöhe Sie rechnen können, wenn Sie die Altersrente in Anspruch nehmen werden. Auch wird darauf hingewiesen, wie hoch die Erwerbsminderungsrente sein würde, wenn Sie ab sofort erwerbsgemindert werden würden.

„Wenn Sie 1947 oder später geboren wurden, werden Sie Ihre Lebensplanung umstellen müssen: Seit dem Jahr 2012 wird der Rentenbeginn für den genannten Personenkreis schrittweise von 65 auf 67 Jahre festgelegt. Die reguläre Altersrente mit 65 ist für Sie somit passé. Ermitteln Sie mit dem Rentenrechner Ihren Rentenbeginn, wann Sie sich aus dem Arbeitsleben verabschieden können und welche Abschläge bei der Rente auf Sie zukommen, falls Sie schon vorzeitig Altersruhegeld beantragen.

Rentenrechner https://www.biallo.de

Für die Jahrgänge 1947 bis 1963 wird diese Grenze stufenweise angehoben. Wurden Sie 1964 oder später geboren, liegt sie bei 67 (sofern bis dahin keine weitere Anhebung erfolgt). 2016 erreicht der Jahrgang 1951 das reguläre Rentenalter – und zwar mit 65 Jahren und 5

Monaten. Für den Jahrgang 1952 wird es 65 Jahre und sechs Monate sein. Für den Jahrgang 1958 wird das reguläre Rentenalter bei 66 Jahren liegen, von da ab steigt das Eintrittsalter pro Jahrgang um zwei Monate. Fast alle Rentenversicherten haben Anspruch auf die Regelaltersrente. Lediglich fünf Jahre Versicherungszeit müssen Sie vorweisen können. Dazu gehören auch Kindererziehungszeiten und Zeiten mit freiwilligen Beiträgen.

Altersrente für besonders langjährig Versicherte
Sozusagen als „Bonbon" für besonders treue Kunden der Rentenversicherung gibt es die Altersrente für „besonders langjährig Versicherte". Hierbei fallen keine Rentenabschläge an. Die Hürden sind allerdings hoch: Nur wer auf 45 Versicherungsjahre kommt, kann frühestens mit 63 in Rente gehen. Vor 1953 Geborene können die Altersrente für „besonders langjährig Versicherte" ab 63 erhalten. Für die Jahrgänge 1953 bis 1963 wird die Altersgrenze schrittweise pro Lebensjahr um zwei Monate angehoben. Ab dem Jahrgang 1964 liegt die Altersgrenze dann bei 65 Jahren.

Wichtig ist dabei vor allem folgende Einschränkung: Zeiten der Arbeitslosigkeit zählen hierbei nicht mit, auch dann nicht, wenn – wie in den meisten Fällen – Pflichtbeiträge gezahlt wurden. Die Zeiträume, in denen Pflichtbeiträge wegen Kindererziehung oder der Pflege von Angehörigen geflossen sind, zählen jedoch mit – genau wie die Zeit des Krankenbezugs oder des Wehr- oder Zivildienstes.

Besonders wichtig für Frauen ist dabei: Selbst wenn Sie in den ersten zehn Lebensjahren eines Kindes keine sozialversicherungspflichtige Beschäftigung ausgeübt haben, zählt diese Zeit als Berücksichtigungszeit und wird mitgerechnet.

Altersrente für langjährig Versicherte: Antragsteller müssen hierfür auf 35 Jahre rentenrechtlicher Zeiten kommen. Neben den Pflichtbeitragszeiten und den Zeiten mit freiwilligen Beiträgen werden auch Zeiten aus einem Versorgungsausgleich, aus einem Rentensplitting unter Ehegatten oder eingetragenen Lebenspartnern, aus geringfügigen Beschäftigungsverhältnissen (teilweise bzw. bei Verzicht auf die Rentenversicherungsfreiheit voll) sowie Berücksichtigungszeiten (wegen Kindererziehung) und Anrechnungszeiten mitgezählt.

Die gesetzliche Rentenversicherung unterscheidet folgende Rentenformen:

- *Regelaltersrente (mindestens 5 Jahre Versicherungszeit, darunter fallen auch Erziehungszeiten)*
- *Altersrente für besonders langjährig Versicherte (mindestens 45 Pflichtbeitragsjahre)*
- *Altersrente für langjährig Versicherte (mindestens 35 Pflichtbeitragsjahre)*
- *Altersrente für schwerbehinderte Menschen (besondere Regelungen)".*

27

Kündigung des Arbeitsverhältnisses – Kündigungsfristen

Das Arbeitsverhältnis endet, ohne das es einer Kündigung bedarf

a) mit Ablauf des Monats, in dem die/der Beschäftigte das gesetzlich festgelegte Alter zum Erreichen der Regelaltersrente vollendet hat,

b) jederzeit im gegenseitigen Einvernehmen (Auflösungsvertrag).

Das Arbeitsverhältnis endet ferner mit Ablauf des Monats, in dem der Bescheid eines Rentenversicherungsträgers (Rentenbescheid) zugestellt wird, wonach die/der Beschäftigte voll oder teilweise erwerbsgemindert ist. Die/Der Beschäftigte hat den Arbeitgeber von der Zustellung des Rentenbescheids unverzüglich zu unterrichten. Beginnt die Rente erst nach der Zustellung des Rentenbescheids, endet das Arbeitsverhältnis mit Ablauf des dem Rentenbeginn vorangehenden Tages. Liegt im Zeitpunkt der Beendigung des Arbeitsverhältnisses eine nach § 92 SGB IX erforderliche Zustimmung des Integrationsamtes noch nicht vor, endet das Arbeitsverhältnis mit Ablauf des Tages der Zustellung des Zustimmungsbescheids des Integrationsamtes. Das Arbeitsverhältnis endet nicht, wenn nach dem Bescheid des Rentenversicherungsträgers eine Rente auf Zeit gewährt wird. In diesem Fall ruht das Arbeitsverhältnis für den Zeitraum, für den eine Rente auf Zeit gewährt wird; beginnt die Rente rückwirkend, ruht das Arbeitsverhältnis ab dem ersten Tag des Monats, der auf den Monat der Zustellung des Rentenbescheids folgt.

Im Falle teilweiser Erwerbsminderung endet bzw. ruht das Arbeitsverhältnis nicht, wenn die/der Beschäftigte nach ihren/seinem Rentenversicherungsträger festgestellten Leistungsvermögen auf ihrem/seinem bisherigen oder einem anderen geeigneten und freien Arbeitsplatz weiterbeschäftigt werden könnte, soweit dringende dienstliche bzw. betriebliche Gründe nicht entgegenstehen, und die/der Beschäftigte innerhalb von zwei Wochen nach Zugang des Rentenbescheids ihre/seine Weiterbeschäftigung schriftlich beantragt.

Verzögert die/der Beschäftigte schuldhaft den Rentenantrag oder bezieht sie/er Altersrente nach § 236 oder 236a SGB VI oder ist sie/er nicht in der gesetzlichen Rentenversicherung versichert, so tritt an die Stelle des Rentenbescheids das Gutachten einer Amtsärztin/eines Amtsarztes oder einer/eines nach § 3 Abs.4 Satz 2 bestimmten Ärztin/Arztes. Das Arbeitsverhältnis endet in diesem Fall mit Ablauf des Monats, in dem der/dem Beschäftigtem das Gutachten bekannt gegeben worden ist.

Soll die/der Beschäftigte, deren/dessen Arbeitsverhältnis nach Absatz 1 Buchstabe a geendet hat, weiterbeschäftigt werden, ist ein neuer schriftlicher Arbeitsvertrag abzuschließen. Das Arbeitsverhältnis kann jederzeit mit einer Frist von vier Wochen zum Monatsende gekündigt werden, wenn im Arbeitsvertrag nichts anderes vereinbart worden ist.

§ 34 Kündigung des Arbeitsverhältnisses
Bis zum Ende des sechsten Monats seit Beginn des Arbeitsverhältnisses beträgt die Kündigungsfrist zwei Wochen zum Monatsschluss. Im Übrigen beträgt die Kündigungsfrist bei einer Beschäftigungszeit (Absatz 3 Satz 1 und 2)

bis zu einem Jahr	ein Monat zum Monatsschluss
von mehr als einem Jahr	6 Wochen
von mindestens 5 Jahren	3 Monate
von mindestens 8 Jahren	4Monate
von mindestens 10 Jahren	5 Monate
von mindestens 12 Jahren	6 Monate

zum Schluss eines Kalendervierteljahres.

Arbeitsverhältnisse von Beschäftigten, die das 40. Lebensjahr vollendet haben und für die die Regelungen des Tarifgebiets West Anwendung finden, können nach einer Beschäftigungszeit (Absatz 3 Satz 1 und 2) von mehre als 15 Jahren durch den Arbeitgeber nur aus einem wichtigen Grund gekündigt werden. Soweit Beschäftigte nach den bis zum 30. September 2005 geltenden Tarifregelungen unkündbar waren, verbleibt es dabei.

Beschäftigungszeit ist die bei demselben Arbeitgeber im Arbeitsverhältnis zurückgelegte Zeit, auch wenn sie unterbrochen ist. Unberücksichtigt bleibt die Zeit eines Sonderurlaubs gemäß § 28, es sei denn, der Arbeitgeber hat vor Antritt des Sonderurlaubs schriftlich ein dienstliches oder betriebliches Interesse anerkannt. Wechseln Beschäftigte zwischen Arbeitgebern, die vom Geltungsbereich dieses Tarifvertrages erfasst werden, werden die Zeiten bei dem anderen Arbeitgeber als Beschäftigungszeit anerkannt. Satz 3 entsprechend bei einem Wechsel von einem anderen öffentlich-rechtlichen Arbeitgeber.

28

Die steuerlichen Nachteilsausgleiche beim Grad der Behinderung

Haben Sie die Anerkennung als Schwerbehinderter (GdB ab 50)? Die Vorteile

Wenn das Versorgungsamt bei Ihnen einen Grad der Behinderung von mindestens 50 festgestellt hat, liegt eine Schwerbehinderung vor und Sie erhalten mit dem Schwerbehindertenstatus auf Antrag auch den begehrten Schwerbehindertenausweis. Mit diesem stehen Ihnen steuerliche Nachteilsausgleiche sowie viele andere Vorteile zu. Die Höhe der aktuellen Pauschbeträge ist folgendermaßen:

GdB 25 bis 30	310 €
GdB 35 bis 40	430 €
GdB 45 bis 50	570 €
GdB 55 bis 60	720 €
GdB 65 bis 70	890 €
GdB 75 bis 80	1.060 €
GdB 85 bis 90	1.230 €
GdB 95 bis 100	1.420 €

Bei einem Grad der Behinderung unter 50 müssen noch weitere Voraussetzungen erfüllt sein, damit Sie den Pauschbetrag nutzen können. Es muss eine

Einschränkung der körperlichen Bewegungsfähigkeit vorliegen. Oder Sie haben einen Anspruch auf eine Rente wegen Behinderung. Die Details dazu erfahren Sie im Einkommensteuergesetz (ESTG) § 33b.

Mit einem Grad der Behinderung von 50 oder höher oder der Gleichstellung mit einem schwerbehinderten Menschen kommen Sie bereits in den Genuss des besonderen Kündigungsschutzes. Das bedeutet, dass jetzt eine Kündigung ab einer ununterbrochenen Betriebszugehörigkeit von mindestens 6 Monaten nur noch mit vorheriger Zustimmung des Integrationsamtes möglich ist. Dies bedeutet aber leider nicht, dass eine Kündigung unmöglich ist, der Arbeitgeber muss aber zuerst gescheiterte Wiedereingliederungsmaßnahmen abwarten, Gespräche mit Ihnen, dem Integrationsamt sowie dem Schwerbehindertenvertreter führen. Die Zukunftsprognose für Ihre Gesundheit muss schlecht sein und weitere hohe Arbeitsausfälle sind zu erwarten. Siehe dazu Kapitel 2.

- Als Arbeitnehmer mit einer Schwerbehinderung steht Ihnen jetzt die Freistellung von Mehrarbeit zu. Als Mehrarbeit gilt jede Arbeit, die länger als 8 Stunden dauert.
- Schwerbehinderte Menschen können 2 Jahre früher in Rente gehen. Die Voraussetzung dafür ist, dass sie mindestens 35 Jahre in die gesetzliche Rentenversicherung eingezahlt haben.

Als schwerbehinderter Mensch können Sie zwar auch schon 5 Jahre früher in Rente gehen, bekommen dann allerdings weniger Rente ausbezahlt. Ausführliche Informationen dazu erhalten Sie auf Antrag bei Ihrer Rentenversicherung.

- Arbeitnehmer mit einer Schwerbehinderung haben Anspruch auf 5 zusätzliche Tage bezahlten Urlaub im Jahr. Sie erhalten diesen Zusatzurlaub aber nur, wenn Sie Ihrem Arbeitgeber Ihre Schwerbehinderung durch den Schwerbehindertenausweis oder den Feststellungsbescheid des Versorgungsamtes nachweisen können. Dies gilt bei einer Arbeitswoche von 5 Tagen/Woche. Wenn Sie eine kürzere Arbeitswoche haben, verändert sich Ihr Anspruch entsprechend.
- Sie profitieren von der Wohnraumförderung.
- Sie werden bevorzugt eingestellt und beschäftigt, dies ist bei gleicher Eignung sogar einklagbar.
- Sie genießen einen umfangreichen Kündigungsschutz.
- Es stehen Ihnen begleitende Hilfen im Arbeitsleben zu (z.B. Assistent, rückengerechter Bürostuhl, Stehpult statt Schreibtisch bei Rückenproblemen, Lupe bei Sehschwäche, Büro zur Alleinnutzung, wenn Sie sich z.B. schlecht konzentrieren können oder z.B. unter Tinnitus leiden. Wenn Sie im Parteiverkehr tätig sind, Umsetzung in ein ruhiges Büro uvm.).

- Sie können in vorgezogene Altersrente/Pension gehen.
- Sie haben ggf. Schutz bei Wohnungskündigung, wenn die Kündigung für Sie eine besondere Härte bedeutet und Sie keine neue und bezahlbare Wohnung finden würden. Hier wird von den Gerichten immer öfter zugunsten des Mieters entschieden nach der Devise: hohes Alter und chronische Krankheiten, auch psychische Erkrankungen gehen vor Eigenbedarf.
- Mit einem GdB von 50 steht Ihnen eine Kfz-Hilfe zu, d.h., dass Sie zum Autokauf (Neuwagen beim Händler) einen nicht unerheblichen Zuschuss erhalten und die Kosten einer behinderungsbedingten Zusatzausstattung sowie evtl. auch die Fahrschulkosten übernommen werden (meistens von der Rentenversicherung oder der Agentur für Arbeit). Rechtsgrundlage ist die Kraftfahrzeughilfeverordnung.
- Viele Autohändler bieten ab einem Grad der Behinderung ab 50 einen ordentlichen Rabatt oft bis zu 35% an (variiert je nach Autohersteller sehr). Vergleiche lohnen sich hier auf jeden Fall.
- Ihnen steht ein Freibetrag beim Wohngeld bei Pflegebedarf in häuslicher und teilstationärer Pflege zu: € 1.200.-.
- Ermäßigung der Kurtaxe je nach Ortssatzung.
- Für Lehrer gibt es Sonderregelungen nach §8 der Bayerischen Lehrerdienstordnung.

- Für Behinderte in Werkstätten besteht eine Pflichtversicherung in der gesetzlichen Kranken- und Rentenversicherung.
- Besondere Fürsorge im öffentlichen Dienst.
- ABZUG EINES Freibetrages bei der Einkommensermittlung im Rahmen der sozialen Wohnraumförderung: € 4.000.-.
- Förderung der Anpassung von Miet- und Eigenwohnraum an die Belange von Menschen mit Behinderung durch Vergabe von Darlehen.
- Kindergeld
- Rundfunkbeitrag
- Kriegsopferfürsorge
- Mehrbedarf bei der Sozialhilfe
- Studium
- Telefon
- Blindensendungen
- Bausparverträge
- Vortritt beim Besucherverkehr in Behörden des Freistaates Bayern (§7 Abs. 2 AGO). Für andere Bundesländer bitte nachfragen, wie dort die Regelungen sind.

Das heißt, Sie brauchen in Behörden weder eine Nummer zu ziehen noch sich anzustellen und stundenlang zu warten. Sie dürfen gleich zu einem Sachbearbeiter eintreten. Bitte nehmen Sie dieses Recht für sich auch in Anspruch.

Selbst im europäischen Ausland wird der deutsche Schwerbehindertenausweis in vielen

Einrichtungen, Verkehrsbetrieben und Sehenswürdigkeiten akzeptiert. Bitte immer an der Kasse vor dem Bezahlen vorzeigen und nachfragen. Selbst beim Onlinekartenkauf für bekannte Sehenswürdigkeiten im Ausland gibt es die Möglichkeit, eine Schwerbehinderung anzuklicken. Sie erhalten so nicht selten eine Freikarte zum Ausdrucken. Den Schwerbehindertenausweis sollten Sie mit einer ermäßigten oder freien Eintrittskarte natürlich immer unaufgefordert vorzeigen. Wenn Sie einen Urlaub im Ausland planen, können Sie auf telefonische Nachfrage vom Versorgungsamt auch eine Bestätigung Ihrer Schwerbehinderung in der entsprechenden Landessprache per Post erhalten. Es gibt auch bereits Bescheinigungen in englischer, französischer, spanischer und italienischer Sprache, die das Vorliegen der Schwerbehinderteneigenschaft nach deutschem Recht amtlich bestätigt. Sie soll Ihnen durch den Abbau der sprachlichen Barrieren die Inanspruchnahme freiwillig gewährter Vergünstigungen wie z.B. Eintrittspreisermäßigungen im Ausland erleichtern. Bitte beachten Sie aber, dass es sich nur um eine Übersetzung handelt, mit der keine Nachteilsausgleiche im Ausland eingefordert werden können.

Ich liste Ihnen für den Urlaub trotzdem schon einmal auf, was auf einer Bescheinigung des Versorgungsamtes in vier Sprachen steht.

Deutsch

Bestätigung – Ihr Name – Vorname - Geburtsdatum

Nach dem deutschen Schwerbehindertengesetz ist die oben genannte Person schwerbehindert.

Diese Bestätigung ist unbegrenzt gültig.

Englisch

Certificate –Surname - First name - Date oft birth

According to German Disabled Persons'Act the above mentioned person is handicapped.

This certificate is valid for an unlimited duration.

Französisch

Nom – Prénom - Date de naissance

Selon la loi allemande concernant les personnes handicapées, le/la susnommé/e est handicapé/e.

Ce certificat est valable pour une durée illimité.

Spanisch

Apellidos – Nombre - Fecha de nacimiento

Según la Ley Alemana de personas con discapacidades fisicas, la persona previamente indicata es minusvalida.

Este certificado es válido indefinidamente.

Italienisch

Cognome – Nome - Data de nascita

Secondo la Legge Tedesca riguardante i Disabili la persona sopraindicata e considerata disabile/invalido.

Questo certificato e valido illimitato.

Ich hoffe, ich konnte Ihnen mit dieser kleinen Information für den Urlaubsfall etwas helfen.

- Darüber hinaus erhalten schwerbehinderte Menschen noch zahlreiche Nachteilsausgleiche auf freiwilliger Grundlage wie z.B. Ermäßigung beim Neuwagenkauf (zw. 15-35%) sind keine Seltenheit; bei Flugreisen, beim Erwerb von Eintrittskarten wie z.B. in den Zoo, in Museen, Theater, Kino, Sportstudio, bei Verkehrsbetrieben, Seilbahnen, Schifffahrt uvm., bei Mitgliedsbeiträgen von Vereinen, ADAC etc. In vielen Institutionen erhalten Sie oft sogar kostenlosen Eintritt. Auskünfte erhalten Sie bei den jeweiligen Unternehmen bzw. dem betreffenden Verein, oft schon auf der Homepage. Nachzufragen lohnt sich auf jeden Fall.

Ein höherer Grad der Behinderung beinhaltet natürlich auch immer die Nachteilsausgleiche und Vorteile der niedrigeren GdB-Stufen, selbst wenn diese nicht immer wieder ausgezählt werden.

Nützliche Adressen

Deutsche Rentenversicherung

Ruhrstraße 2, 10709 Berlin

030 8650

Kostenloses Servicetelefon: 0800 1000 4800

Mo-Do 07.30-19.30, Fr 07.30-15.30

https://www.deutsche-rentenversicherung.de

Die DRV besteht aus 16 regionalen Rentenversicherern. Jeder Träger ist für eine bestimmte Anzahl von Versicherten zuständig und bearbeitet deren Anliegen – vom Reha-Antrag bis zum Rentenbescheid. Grundsätzlich können Sie sich aber mit Ihren Anträgen, Änderungsmitteilungen und Fragen an jeden Rentenversicherungsträger wenden. Falls es nicht ihr zuständiger Träger sein, wird das Anliegen weitergeleitet. Am leichtesten lässt sich ihr zuständiger Träger herausfinden, wenn Sie in der letzten Zeit Post von der Deutschen Rentenversicherung bekommen haben (z.B. die Renteninformation).Werfen Sie einen Blick auf das Logo im Briefkopf – der dort angegebene Träger ist mit sehr hoher Wahrscheinlichkeit für Sie zuständig. Telefonisch darf Ihnen die Rentenversicherung leider keine Auskunft geben, wer Ihr zuständiger RV-Träger ist. Wenn Sie die RV anschreiben, bekommen Sie jedoch Antwort in der Regel von Ihrem zuständigen Versicherungsträger.

Versorgungsämter – Integrationsämter

Beim Versorgungsamt oder bei der nach Landesrecht zuständigen Behörde kann die Feststellung der Schwerbehinderteneigenschaft beantragt werden.

https://www.integrationsaemter.de

Bundesagentur für Arbeit

Kostenloses Servicetelefon: 0800 4 555500

Fragen zum Onlineangebot: 0800 4 555501

Aus dem Ausland: +49 911 12031010

Zentrale der Bundesagentur für Arbeit

Besucheradresse:

Regensburger Straße 104

90478 Nürnberg

0911 179-0

https://www.arbeitsagentur.de

Verschlüsselte und somit gesicherte De-Mail

Zentrale.De-Mail-Kundenservice@arbeitsagentur.de-mail.de

Voraussetzung dafür ist aber, dass Sie über ein De-Mail-Konto verfügen.

Falls Sie Ihr Anliegen per verschlüsselter E-Mail (S/MIME) übermitteln möchten, steht Ihnen eine Anleitung zur E-Mail-Verschlüsselung unter www.arbeitsagentur.de zur Verfügung.

Perspektive50plus – Beschäftigungspakete für Ältere in den Regionen

www.perspektive50plus.de

Verbraucherzentrale NRW e.V.

Mintropstraße 27
40215 Düsseldorf
gemeinschaftsredaktion@verbraucherzentrale.nrw

Auf dieser Seite gibt es gute Tipps für Patienten.
Für Auskünfte, Anfragen und Hinweise nutzen Sie bitte die Kontaktdaten der Verbraucherzentrale Ihres Bundeslandes. Sie finden sie auf der Seite der Verbraucherzentrale NRW. Gehen Sie ganz unten ins Impressum, dann auf Beratung (rote Schrift). Es werden Ihnen die Beratungsstellen deutschlandweit angezeigt.

Sozialverband VDK Deutschland e.V.

Bundesgeschäftsstelle
Linienstraße 131
10115 Berlin
030 9210580-0
kontakt@vdk.de

Jobcenter in Deutschland

Sie suchen Ihren Ansprechpartner rund um das Arbeitslosengeld II?
www.jobcenter-ge.de

Wenn Ihr Jobcenter nicht dabei ist, können Sie Anschrift und Telefonnummer auch auf den Partnerseiten auf https://con.arbeitsagentur.de finden.

Unabhängige Patientenberatung Deutschland – UPD

Bietet u.a. auch Hilfe bei Antragstellung einer Reha, egal wie Sie versichert sind.

http://www.patientenberatung.de/
Tempelhofer Weg 62, 12347 Berlin
info@patientenberatung.de
0800 0117722
Mo-Fr 08.00-22.00 Uhr, Sa 08.00-18.00 Uhr

Medizinischer Dienst der Krankenversicherung

Wenn Sie sich von einem Ihrer behandelnden Ärzte schlecht behandelt oder nicht ernst genommen fühlen, können Sie den Arzt jederzeit wechseln. Vergessen Sie bitte nicht, beim aktuellen Arzt Kopien der Behandlungsunterlagen zu verlangen. Ihr Ansprechpartner für Beschwerden ist Ihre Krankenkasse. Auch der Medizinische Dienst der Krankenversicherung hilft weiter, wenn Patienten sich nicht gut behandelt fühlen.

MDK Bayern Telefonservice 0911 65068555
Hier können Sie auch die Telefonnummer für Ihren zuständigen MDK erhalten.
www.mdk.de

Die Sozialgerichte in Deutschland
www.der-querschnitt.de

Schlusswort

Ich möchte Ihnen am Ende meines Buches für Ihr Vertrauen danken, indem Sie meinen neuen Ratgeber gekauft haben und Ihnen ganz persönlich viel Glück und viel Erfolg zur Erlangung der Erwerbsminderungsrente wünschen.

Bitte lassen Sie sich von kleineren Rückschlägen in Form von unkooperativen Ärzten, Ämtern oder einem ablehnenden Bescheid nicht entmutigen, sondern gehen Sie unbeirrt Schritt für Schritt und gut vorbereitet Ihrem Ziel entgegen. Auch Sie werden es schaffen und in wie ich hoffe sehr absehbarer Zeit einen positiven Rentenbescheid erhalten.

Lassen Sie sich durch nichts von Ihrem Plan abbringen und vor allem, verlieren Sie keine Zeit mehr, denn

Wer kämpft, kann verlieren. Wer nicht kämpft, hat schon verloren.

Berthold Brecht

Alles Gute für Sie Ihre Rena Rose

Quellenangabe:

(1)   Seite 101-107; abgerufen im Internet am
       05.11.2019. RA und Fachanwalt SozR
       David Andreas Köper
       www.rechtsanwalt-koeper.de
       Mit freundlicher Genehmigung von Herrn
       Rechtsanwalt Köper abgedruckt.

(2)   Seite 118-128; Fragen aus dem
       Antragsformular der DRV

(3)   Seite 130-131; Text- Einladung zum
       Gutachter der DRV

(4)   Seite 143; anonymisierter Rentenbescheid
       der DRV

(5)   Seite 152; Bundessozialgericht; abgerufen
       im Internet am 11.11.2019
       www.bsg.bund.de

(6)   Seite 163-165; biallo, www.biallo.de
       abgerufen aus dem Internet am
       10.10.2019